Bernd Wehren

Erzählen und Schreiben mit Detektiv Pfiffig 1/2

Erst- und Zweitklässler lernen mit Puzzlebildern Krimis frei zu schreiben

Auer Verlag

Gedruckt auf umweltbewusst gefertigtem, chlorfrei gebleichtem
und alterungsbeständigem Papier.

1. Auflage 2012
Nach den seit 2006 amtlich gültigen Regelungen der Rechtschreibung

Illustrationen: Grafikdesign Bettina Weyland
Umschlagillustration: Grafikdesign Bettina Weyland
Satz: fotosatz griesheim GmbH
Druck und Bindung: Kessler Druck + Medien GmbH, Bobingen
ISBN 978-3-**06923**-2

www.auer-verlag.de

Inhalt

Zum Konzept

Wer ist Detektiv Pfiffig?

Detektiv Pfiffig wohnt mit seinem Hund Fiffi im Städtchen Knobelhausen. Seit vielen Jahren passt er auf die Schüler und Lehrer der Neu-Schule auf und hilft beim Lesen und Schreiben. Zusammen mit den Kindern und Lehrern löst er viele kniffelige Fälle. Diesmal müssen Puzzlebilder enträtselt, passende Krimis erfunden, gemalt und geschrieben werden...

In diesem Pfiffig-Band sollen Ihre Grundschüler 22 spannende und lustige Fälle rund um Detektiv Pfiffig, seinen Hund Fiffi und die Schüler und Lehrer der Neu-Schule lösen. Dabei spielen das tägliche Schulleben und Erlebnisse in der Schule immer eine wichtige Rolle: Einschulung, Theater, Weihnachten in der Schule, Schulweg, Streit zwischen Schülern, Schulfest usw.

Struktur der Arbeitsblätter und Aufgabentypen:
Jeder Fall besteht aus einer **Doppelseite**. Auf der **linken Seite** schneiden die Kinder fehlende Puzzleteile aus, kleben diese an die passende Stelle und suchen mehrere Dinge in dem liebevoll illustrierten Puzzlebild. Anschließend malen die Kinder ein Vorher- und ein Nachher-Bild, sodass eine Krimi-Bildergeschichte entsteht. Zuletzt erzählen die Kinder zu ihrer erfundenen dreiteiligen Bildergeschichte einen Krimi mit Einleitung, Hauptteil (= Puzzlebild) und Schluss.
Auf der **rechten Seite** bearbeiten die Kinder weiterführende Aufgaben und lösen so jeden Fall. Die Kinder sollen differenzierte Lese-, Schreib- oder Mal-Aufgaben bearbeiten. Diese drei Aufgabentypen dienen der Wortschatzerweiterung und bereiten die Kinder darauf vor, zuletzt einen Krimi zu ihrer Bildergeschichte zu schreiben. Die Anzahl der Aufgaben erhöht sich im Laufe des Buches und die Schwerpunkte eines Aufgabentyps wechseln sich stets ab.

Einsatzmöglichkeiten und Differenzierung:
Neben dem normalen Deutschunterricht kann man die differenzierten Fälle in der Freiarbeit und dem Wochenplan oder als Hausaufgabe einsetzen. Da sich die Aufgaben und das Seitenlayout kaum ändern, können die Kinder schon nach kurzer Zeit selbstständig arbeiten und mithilfe der Lösungskarten ihre Ergebnisse eigenständig vergleichen und verbessern. Ist alles richtig, setzen sie ein „Häkchen" in das Feld „Fall gelöst!". Die 22 Fälle sind differenziert: Fälle 1 bis 9 sind leicht (gekennzeichnet durch 🐾), Fälle 10 bis 17 sind mittel (gekennzeichnet durch 🐾 🐾) und Fälle 18 bis 22 sind schwer (gekennzeichnet durch 🐾 🐾 🐾). Die leichten Fälle enthalten 3 Puzzleteile, davon 1 falsches, sowie einfache Aufgaben zum Aufbau des benötigten Wortschatzes. Die Fälle 10 bis 17 enthalten 3 passende + 1 falsches Puzzleteile sowie etwas umfangreichere und anspruchsvollere Aufgaben. Die schweren Fälle enthalten 4 + 1 Puzzleteile und führen in ihren Aufgaben gezielt zum Schreiben eigener Texte heran. Die **Detektiv-Wörter-Liste** (S. 50) hilft den Kindern, passende Wörter für ihre Krimis zu finden.

Praxistipps:

- Zu Beginn der Detektiv-Arbeit erhalten alle Kinder einen **Detektivausweis** (S. 63). Dort dürfen die Kinder eine Lupe anmalen, wenn sie den jeweiligen Fall gelöst haben.
- Man sollte jeden Fall doppelseitig auf ein DIN-A3-Blatt oder auf zwei DIN-A4-Blätter (bei Leseanfängern evtl. zwei DIN-A3-Blätter) kopieren. Denn um die weiterführenden Aufgaben der rechten Seite lösen zu können, müssen die Kinder die Bildergeschichte der linken Seite vor sich haben. Bitte **nicht zweiseitig** mit Vorder- und Rückseite kopieren, da die Puzzleteile ausgeschnitten werden müssen!
- Das Arbeitsblatt „Die Lehrer der Neu-Schule" (S. 5) sowie die Fälle 1 und 2 sollte man gemeinsam mit allen Kindern bearbeiten. Denn in diesen Fällen werden Detektiv Pfiffig, sein Hund Fiffi und die Schüler und Lehrer der Neu-Schule vorgestellt.
- Es empfiehlt sich, die **Lösungskarten** (S. 51–62) zu einem Selbstkontrollheft zusammenzuheften und im Klassenraum für die Kinder auszulegen.
- Nach dem Lösen aller Fälle erhält jedes Kind eine **Urkunde** (S. 64), die die Kinder zu Hause aufhängen und sammeln können. Die Aussicht auf eine solche Belohnung wirkt als besondere Motivation.

Viel Spaß und Erfolg mit Detektiv Pfiffig wünscht Ihnen und Ihren Schülern
Bernd Wehren

Die Lehrer der Neu-Schule

Doris Dalli-Dalli
Direktorin

Karl Komma
Deutsch

Maria Millimeter
Textilgestaltung

Zacharias Ziffer
Konrektor, Mathe

Kurt Kehrblech
Hausmeister

Leo Lupe
Sachunterricht

Tina Tippi
Sekretärin

Gitti Gitarre
Musik

Kater Kuno
Katze von Kurt Kehrblech

Edgar Engel
Religion

Pia Pinsel
Kunst

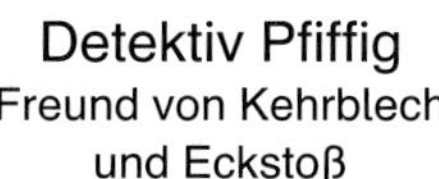
Detektiv Pfiffig
Freund von Kehrblech und Eckstoß

Flecko
Schulhund

Ecki Eckstoß
Sport

Berta Brühe
Schulköchin

Fiffi
Pfiffigs Hund

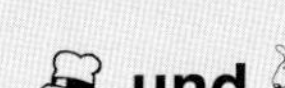 Schneide die Puzzleteile aus. 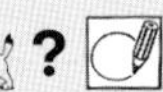 Klebe die drei passenden Puzzleteile ein.

Findest du ✉, 🎩 und 🐕? Kreise ein.

Fall 1

Die böse Bonbon-Bande

1

3

2

Schneide die Puzzleteile aus. Klebe die zwei passenden Puzzleteile in Bild 2.

Findest du , , , und ? Kreise ein.

Male Bild 1 und Bild 3, sodass eine Krimi-Bildergeschichte entsteht.

Erzähle.

Fall 1

Die böse Bonbon-Bande

a)	b)
c)	d)
e)	f)
g)	h)

Schreibe.

Tresor, Leiter,

Schreibe weitere Wörter zu deiner Krimi-Bildergeschichte.

Kontrolliere und verbessere.  **Fall gelöst!**

Erzähle oder schreibe nun einen Krimi zu deiner Bildergeschichte.

Fall
2

Die verschwundene Schultüte

1

3

2

Schneide die Puzzleteile aus. Klebe die zwei passenden Puzzleteile in Bild 2.

Wo ist die verschwundene ? Kreise ein.

Male Bild 1 und Bild 3, sodass eine Krimi-Bildergeschichte entsteht.

Erzähle.

Die verschwundene Schultüte

a) ○ Kurt Kehrblech ○ Detektiv Pfiffig	b) ○ Karl Komma ○ Doris Dalli-Dalli
c) ○ Leo Lupe ○ Tina Tippi	d) ○ Maria Millimeter ○ Edgar Engel
e) ○ Gitti Gitarre ○ Kater Kuno von Kurt Kehrblech	f) ○ Ecki Eckstoß ○ Berta Brühe
g) ○ Edgar Engel ○ Schulhund Flecko	h) ○ Pia Pinsel ○ Zacharias Ziffer

Kreuze an.

Schultüte, weinen,

Schreibe weitere Wörter zu deiner Krimi-Bildergeschichte.

Kontrolliere und verbessere. ✓ → ☐ **Fall gelöst!**

Erzähle oder schreibe nun einen Krimi zu deiner Bildergeschichte.

Fall
3

Die falschen Erstklässler

1

3

2

Schneide die Puzzleteile aus. Klebe die zwei passenden Puzzleteile in Bild 2.

Findest du zwei Zweitklässler? Kreise ein.

Male Bild 1 und Bild 3, sodass eine Krimi-Bildergeschichte entsteht.

Erzähle.

Die falschen Erstklässler

Fall 3

a) Das ist die Tafel.	**b)** Das ist eine Schultüte.
c) Das ist ein Schwamm.	**d)** Das ist eine Blume.
e) Das sind zwei Namenschilder.	**f)** Das sind drei Schüler.
g) Das sind vier Stühle.	**h)** Das sind zwei Bonbons.

Male.

sitzen, Namensschild,

Schreibe weitere Wörter zu deiner Krimi-Bildergeschichte.

Kontrolliere und verbessere. ✓ → ☐ **Fall gelöst!**

Erzähle oder schreibe nun einen Krimi zu deiner Bildergeschichte.

Fall 4

Die rätselhaften Pfeile

1

3

2

Schneide die Puzzleteile aus. Klebe die zwei passenden Puzzleteile in Bild 2.

Zeichne den Weg ein. Was ist das Ziel? Kreise ein.

Male Bild 1 und Bild 3, sodass eine Krimi-Bildergeschichte entsteht.

Erzähle.

Die rätselhaften Pfeile

a) 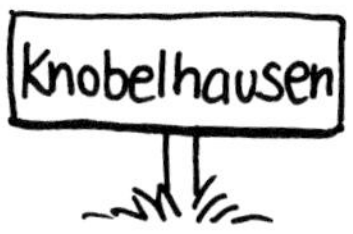	b) 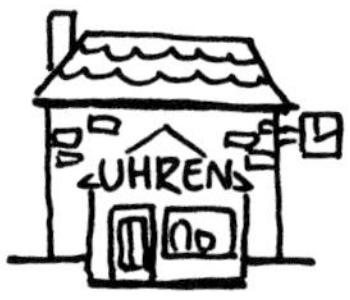	c) 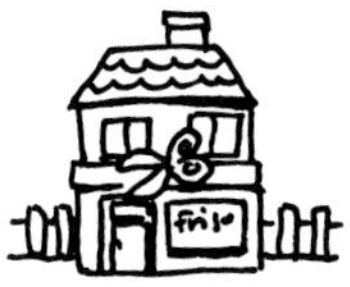
d) 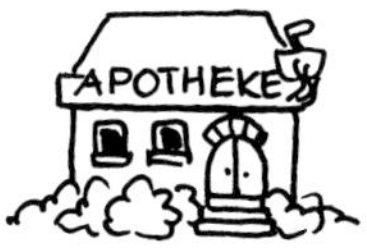	e) 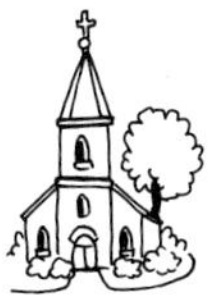	f) 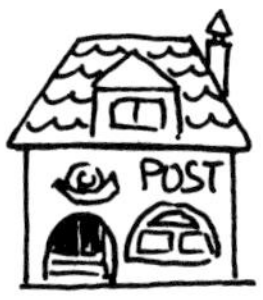
g) 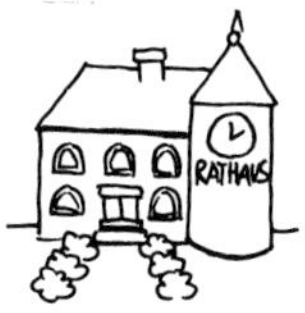	h) 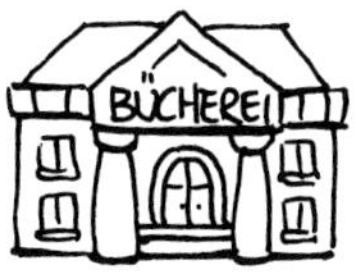	i) 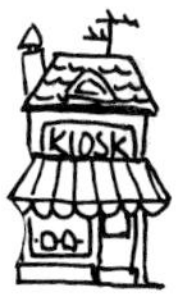
j) 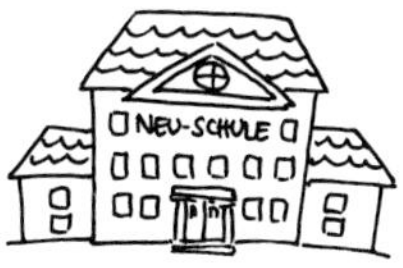	k) 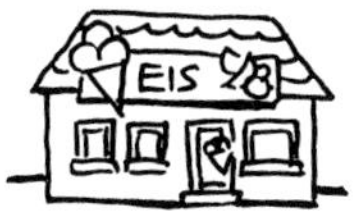	l) 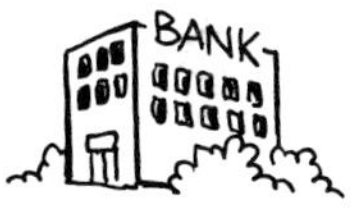

Schreibe.

Straße, rechts,

Schreibe weitere Wörter zu deiner Krimi-Bildergeschichte.

Kontrolliere und verbessere. ✓ → ☐ **Fall gelöst!**

Erzähle oder schreibe nun einen Krimi zu deiner Bildergeschichte.

Fall 5 Der eisige Betrug

1

3

2

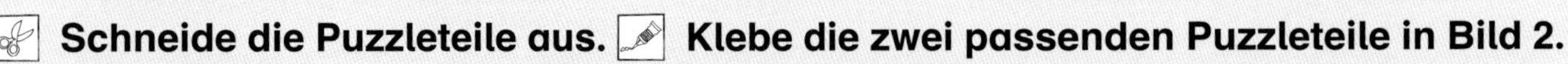

Schneide die Puzzleteile aus. Klebe die zwei passenden Puzzleteile in Bild 2.

Findest du den Beweis für den Betrug? Kreise ein.

Male Bild 1 und Bild 3, sodass eine Krimi-Bildergeschichte entsteht.

Erzähle.

Der eisige Betrug

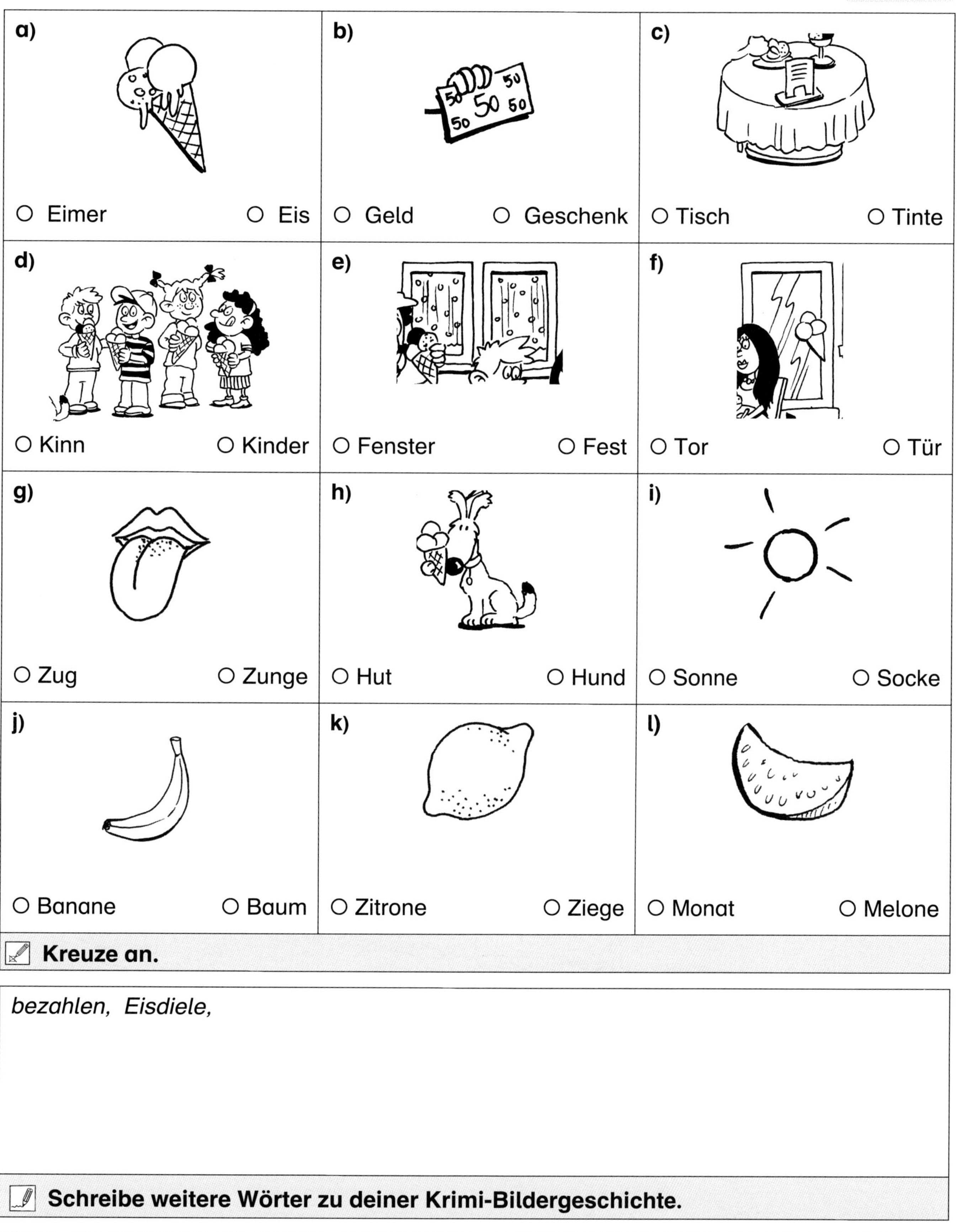

Kreuze an.

bezahlen, Eisdiele,

Schreibe weitere Wörter zu deiner Krimi-Bildergeschichte.

Kontrolliere und verbessere. ✓ → ☐ **Fall gelöst!**

Erzähle oder schreibe nun einen Krimi zu deiner Bildergeschichte.

Fall 6

Die erste Hausaufgabe

1

3

2

Schneide die Puzzleteile aus. Klebe die zwei passenden Puzzleteile in Bild 2.

Wie lautet die erste Hausaufgabe? Schreibe sie auf.

Male Bild 1 und Bild 3, sodass eine Krimi-Bildergeschichte entsteht.

Erzähle.

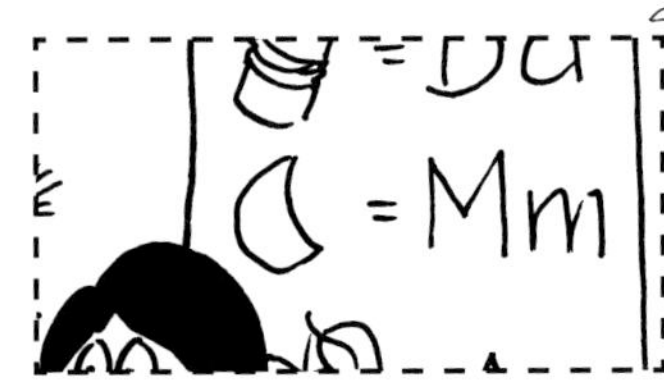

Die erste Hausaufgabe

Fall 6

a)	b)	c)
Das ist eine schwarze Leiter.	Das ist ein weißer Zeigestock.	Das ist eine gelbe Ente.
d) Das ist ein roter Fisch.	**e)** Das ist ein brauner Igel.	**f)** Das ist ein grüner Apfel.
g) Das sind drei Uhren.	**h)** Das sind vier Raketen.	**i)** Das sind fünf Dosen.
j) Das sind zwei Ohren.	**k)** Das sind acht Nasen.	**l)** Das sind neun Kerzen.

Male.

Tafel, Kater,

Schreibe weitere Wörter zu deiner Krimi-Bildergeschichte.

Kontrolliere und verbessere. ✓ → ☐ **Fall gelöst!**

Erzähle oder schreibe nun einen Krimi zu deiner Bildergeschichte.

Fall 7

Berta Brühes Halloween-Rezept

1

3

2

KÜCHE

Halloween-Suppe

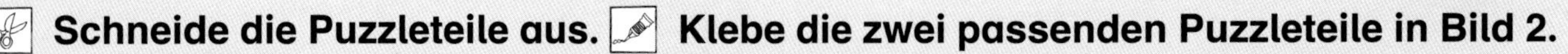

Schneide die Puzzleteile aus. Klebe die zwei passenden Puzzleteile in Bild 2.

Findest du die „Zutaten-Diebe“? Was haben sie geklaut? Kreise ein.

Male Bild 1 und Bild 3, sodass eine Krimi-Bildergeschichte entsteht.

Erzähle.

Berta Brühes Halloween-Rezept

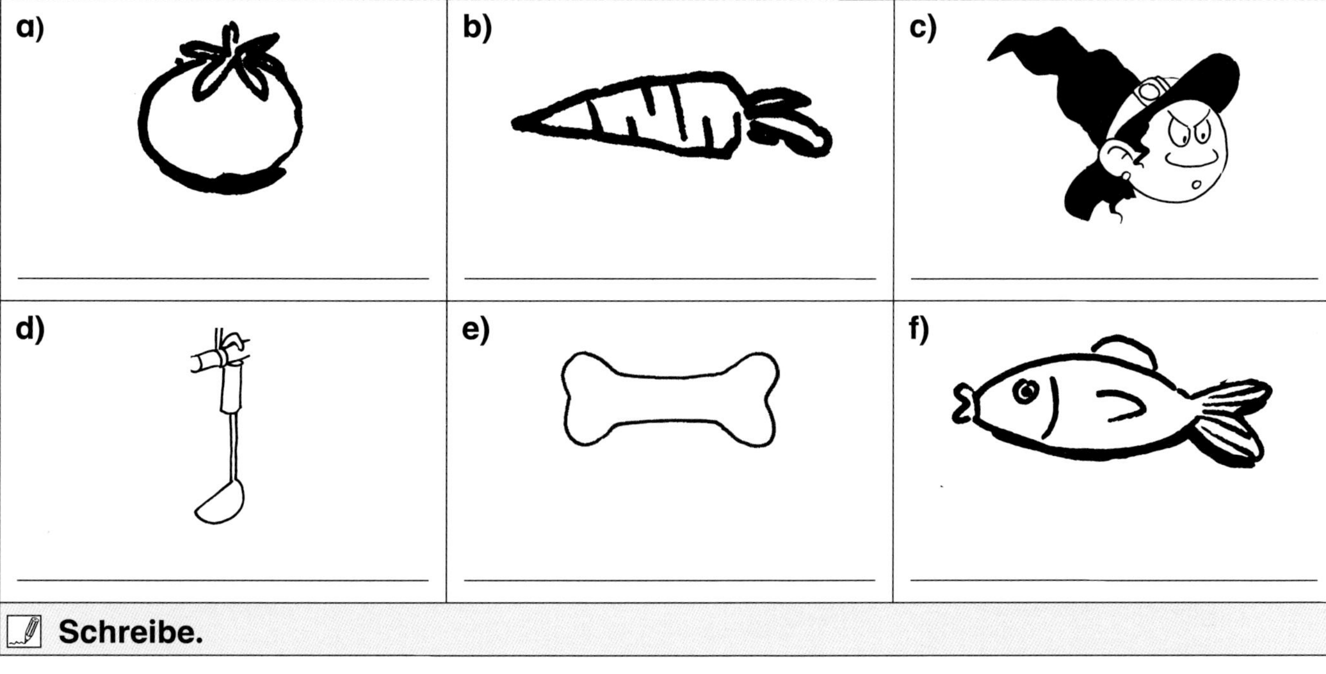

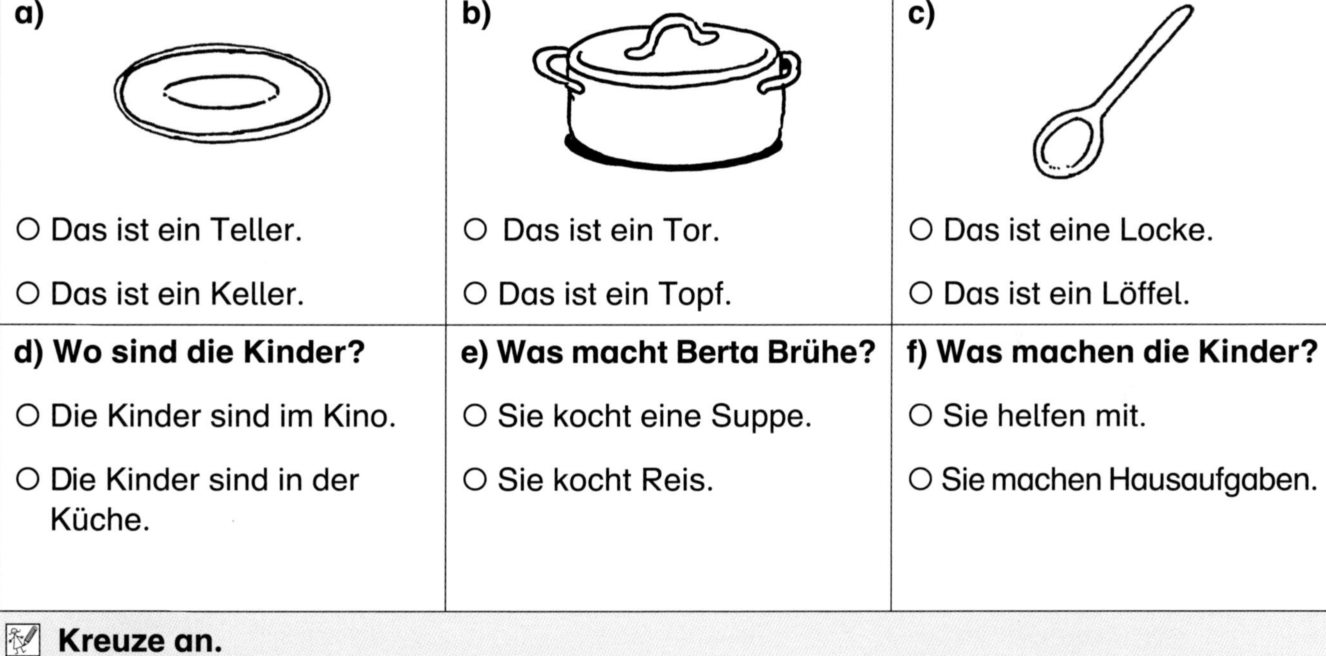

a)	b)	c)
○ Das ist ein Teller.	○ Das ist ein Tor.	○ Das ist eine Locke.
○ Das ist ein Keller.	○ Das ist ein Topf.	○ Das ist ein Löffel.
d) Wo sind die Kinder?	**e) Was macht Berta Brühe?**	**f) Was machen die Kinder?**
○ Die Kinder sind im Kino.	○ Sie kocht eine Suppe.	○ Sie helfen mit.
○ Die Kinder sind in der Küche.	○ Sie kocht Reis.	○ Sie machen Hausaufgaben.

Kreuze an.

Küche, kochen,

Schreibe weitere Wörter zu deiner Krimi-Bildergeschichte.

Kontrolliere und verbessere. ✓ → ☐ **Fall gelöst!**

Erzähle oder schreibe nun einen Krimi zu deiner Bildergeschichte.

Fall 8 Auf der Suche nach der Neu-Schule

1

3

2

NEU-SCHULE

Schneide die Puzzleteile aus. Klebe die zwei passenden Puzzleteile in Bild 2.

Welches Gebäude ist die Neu-Schule? Kreise ein.

Male Bild 1 und Bild 3, sodass eine Krimi-Bildergeschichte entsteht.

Erzähle.

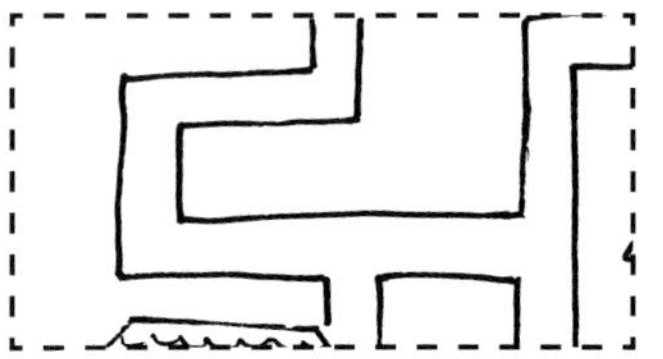

Auf der Suche nach der Neu-Schule

Fall 8

a)	b)	c)
Das ist ein gelber Stern.	Das ist ein weißer Mond.	Das ist eine bunte Schule.
d) Das sind drei Häuser.	**e)** Das sind zwei Hochhäuser.	**f)** Das sind vier Taschenlampen.

Male.

a)	b)	c)
○ Vampir ○ Vater	○ Monat ○ Monster	○ Spagetti ○ Skelett
d) Zu welcher Tageszeit suchen sie die Neu-Schule	**e) Was macht Detektiv Pfiffig?**	**f) Was macht Kurt Kehrblech?**
○ Sie suchen die Neu-Schule am Morgen.	○ Pfiffig stellt sich das Schulgebäude vor.	○ Er hält Kerzen in der Hand.
○ Sie suchen die Neu-Schule in der Nacht.	○ Pfiffig stellt sich sein Bett vor.	○ Er hält Luftballons in der Hand.

Kreuze an.

Nacht,

Schreibe weitere Wörter zu deiner Krimi-Bildergeschichte.

Kontrolliere und verbessere. ✓ → ☐ **Fall gelöst!**

Erzähle oder schreibe nun einen Krimi zu deiner Bildergeschichte.

Fall 9

Augen auf im Straßenverkehr!

1

3

2

Schneide die Puzzleteile aus. Klebe die zwei passenden Puzzleteile in Bild 2.

Welche Kinder verhalten sich falsch? Kreise ein.

Male Bild 1 und Bild 3, sodass eine Krimi-Bildergeschichte entsteht.

Erzähle.

Augen auf im Straßenverkehr!

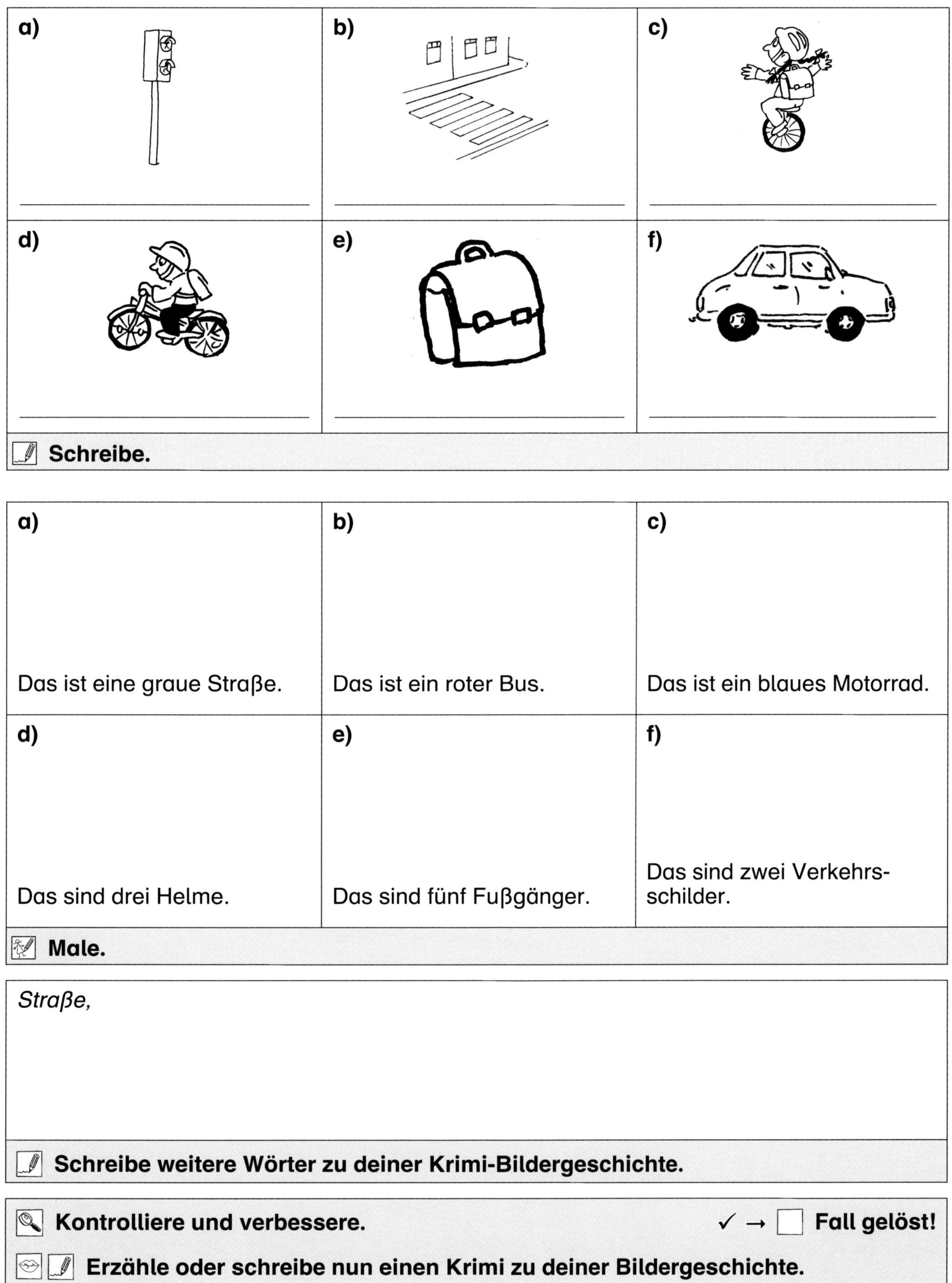

a)	b)	c)
d)	e)	f)

Schreibe.

a) Das ist eine graue Straße.	b) Das ist ein roter Bus.	c) Das ist ein blaues Motorrad.
d) Das sind drei Helme.	e) Das sind fünf Fußgänger.	f) Das sind zwei Verkehrs-schilder.

Male.

Straße,

Schreibe weitere Wörter zu deiner Krimi-Bildergeschichte.

Kontrolliere und verbessere. ✓ → ☐ **Fall gelöst!**

Erzähle oder schreibe nun einen Krimi zu deiner Bildergeschichte.

Fall 10

Die platten Fahrradreifen

1

3

2

Schneide die Puzzleteile aus. Klebe die drei passenden Puzzleteile in Bild 2.

Wo sind die und die ? Kreise ein.

Male Bild 1 und Bild 3, sodass eine Krimi-Bildergeschichte entsteht.

Erzähle.

Fall 10

Die platten Fahrradreifen

a)	b)	c)
○ Luftpumpen befinden sich oft an Dreirädern. ○ Luftpumpen befinden sich oft an Fahrrädern.	○ Ein Gebüsch besteht aus Büschen. ○ Ein Gebüsch besteht aus Büchern.	○ Ein Ventil steckt im Reis. ○ Ventile stecken in Reifen.
d) Wo ist Detektiv Pfiffig? ○ Pfiffig ist auf dem Schulhof. ○ Pfiffig ist in der Schule.	**e) Was macht Hund Fiffi?** ○ Fiffi untersucht das Gebüsch. ○ Fiffi untersucht den Reifen.	**f) Was macht Detektiv Pfiffig?** ○ Pfiffig hört dem lachenden Jungen zu. ○ Pfiffig hört dem weinenden Jungen zu.

Kreuze an.

a) Warum hat der Täter Luft aus dem Reifen gelassen?

____

____

____

b) Welche Strafe erhält der Täter?

____

____

____

Antworte in ganzen Sätzen.

weinen,

Schreibe weitere Wörter zu deiner Krimi-Bildergeschichte.

Kontrolliere und verbessere. ✓ → ☐ **Fall gelöst!**

Erzähle oder schreibe nun einen Krimi zu deiner Bildergeschichte.

Fall 11 Der geheimnisvolle Adventskalender

1

3

2

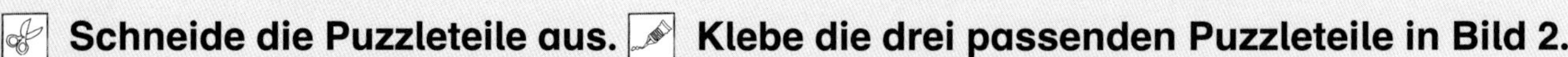

Schneide die Puzzleteile aus. Klebe die drei passenden Puzzleteile in Bild 2.

Was ist in den Socken? Verbinde mit den Dingen in der Sprechblase.

Male Bild 1 und Bild 3, sodass eine Krimi-Bildergeschichte entsteht.

Erzähle.

Der geheimnisvolle Adventskalender

Fall 11

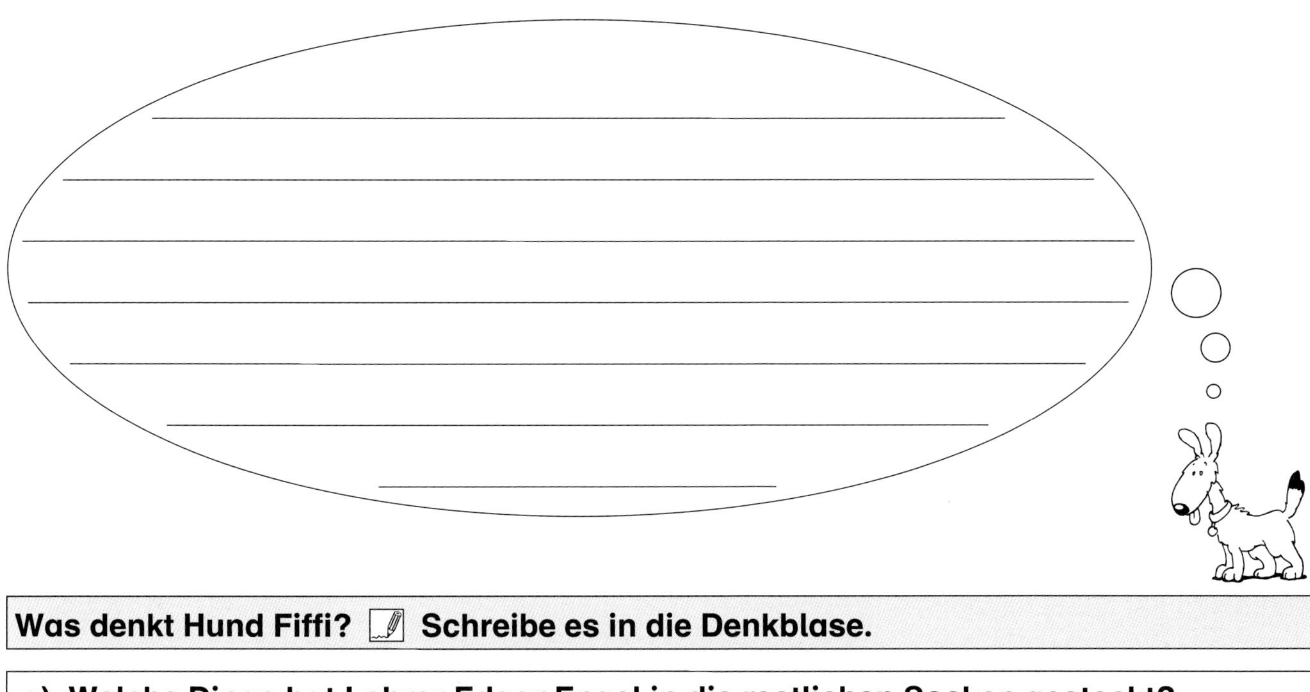

Was denkt Hund Fiffi? Schreibe es in die Denkblase.

a) Welche Dinge hat Lehrer Edgar Engel in die restlichen Socken gesteckt?

b) Wie werden die gefüllten Socken an die Schüler verlost?

Antworte in ganzen Sätzen.

Adventskalender,

Schreibe weitere Wörter zu deiner Krimi-Bildergeschichte.

Kontrolliere und verbessere. ✓ → ☐ **Fall gelöst!**

Erzähle oder schreibe nun einen Krimi zu deiner Bildergeschichte.

Fall 12

Die verschlüsselten Wunschzettel

1

3

2

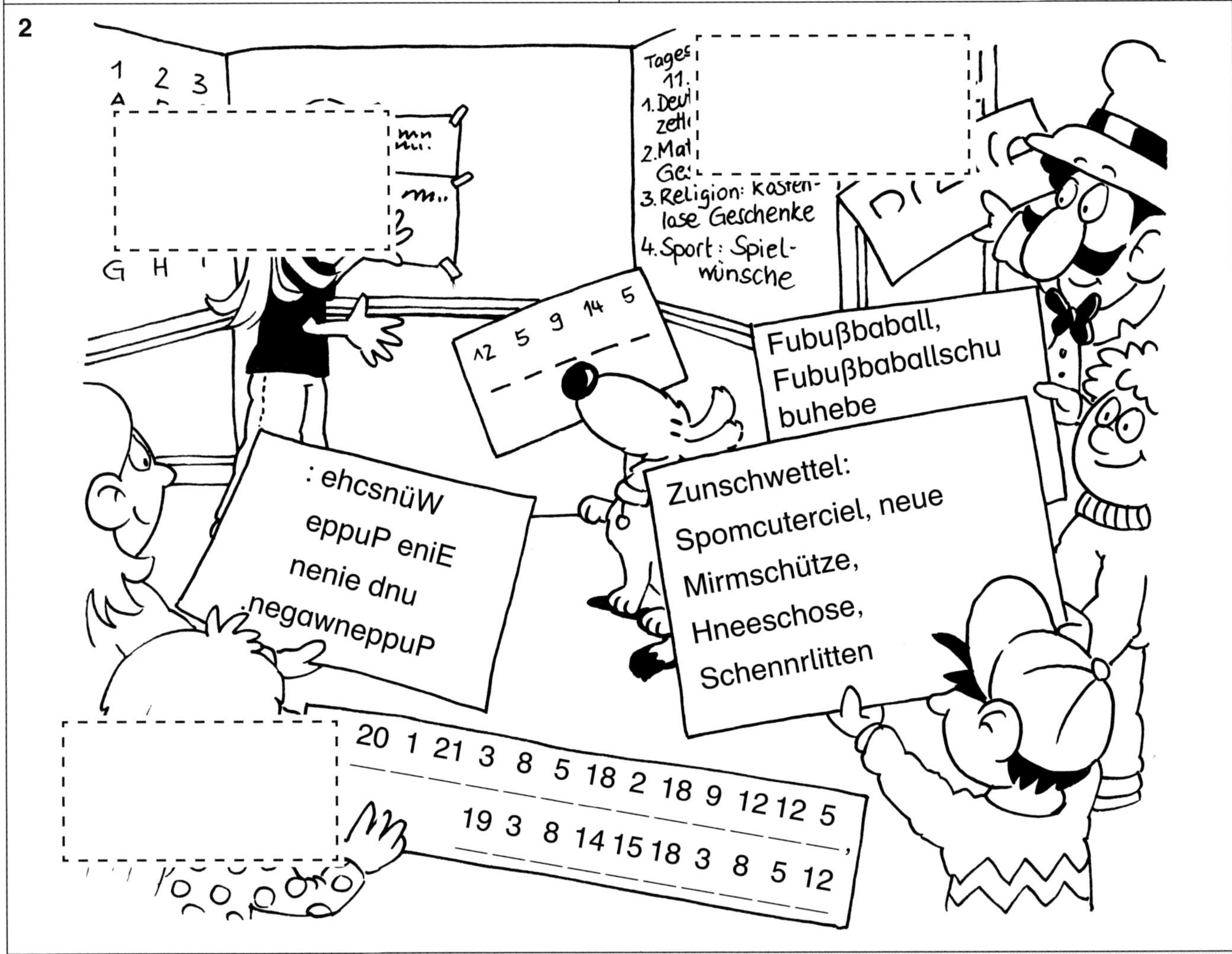

1 2 3

Tages… 11. … 1. Deu… zett… 2. Mat… Ge… 3. Religion: Kasten-lose Geschenke 4. Sport: Spiel-wünsche

12 5 9 14 5

Fubußbaball, Fubußbaballschu buhebe

: ehcsnüW eppuP eniE nenie dnu .negawneppuP

Zunschwettel: Spomcuterciel, neue Mirmschütze, Hneeschose, Schennrlitten

20 1 21 3 8 5 18 2 18 9 12 12 5 ,
19 3 8 14 15 18 3 8 5 12

Schneide die Puzzleteile aus. Klebe die drei passenden Puzzleteile in Bild 2.

Was wünschen sich die Kinder, Fiffi und Pfiffig? Schreibe auf.

Male Bild 1 und Bild 3, sodass eine Krimi-Bildergeschichte entsteht.

Erzähle.

splan Dezember sch: Wunsch- el in Geheimschrift the: Kasten der schenke

Fall 12

Die verschlüsselten Wunschzettel

a) Der 11. Dezember ist ein Sonntag.	O ja	O nein
b) In der 3. Stunde haben die Kinder Religion.	O ja	O nein
c) Die Lehrerin heißt Maria Millimeter.	O ja	O nein
d) Die Lehrerin unterrichtet Erstklässler.	O ja	O nein
e) In der 2. Stunde rechnen die Kinder.	O ja	O nein
f) Die Wunschzettel sind für den Osterhasen.	O ja	O nein

Lies. Kreuze an.

a) Warum schreiben die Kinder Wunschzettel?

b) Warum schreiben sie die Wunschzettel in Geheimschrift?

c) Was wünschst du dir?

d) Schreibe deine Wünsche in einer Geheimschrift auf.

Antworte in ganzen Sätzen.

geheim,

Schreibe weitere Wörter zu deiner Krimi-Bildergeschichte.

Kontrolliere und verbessere. ✓ → ☐ **Fall gelöst!**

Erzähle oder schreibe nun einen Krimi zu deiner Bildergeschichte.

Fall 13

Streit auf dem Schulhof

1

3

2

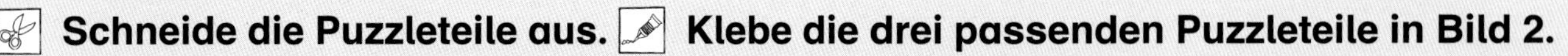

Schneide die Puzzleteile aus. Klebe die drei passenden Puzzleteile in Bild 2.

Findest du den „Schneeball-Werfer“? Kreise ein.

Male Bild 1 und Bild 3, sodass eine Krimi-Bildergeschichte entsteht.

Erzähle.

Streit auf dem Schulhof

a)	b)	c)
O Die Kinder bauen einen Turm. O Die Kinder bauen einen Schneemann.	O Der Junge weint. O Der Junge wäscht sich.	O Leo Lupe formt einen Kuchen. O Leo Lupe formt einen Schneeball.
d) Was macht der weinende Junge? O Er beschreibt den „Schneeball-Werfer". O Er beschreibt den Schneemann.	**e) Was machen einige Schüler?** O Sie werfen Schneemänner. O Sie werfen Schneebälle.	**f) Was fällt vom Himmel?** O Vom Himmel fällt Regen. O Es fallen Schneeflocken vom Himmel.

Kreuze an.

a) Wie beschreibt der weinende Junge den „Schneeball-Werfer"?

____

____

____

b) Was macht Lehrer Leo Lupe, als er sieht, dass Schüler Schneebälle werfen?

____

____

____

Antworte in ganzen Sätzen.

Mütze,

Schreibe weitere Wörter zu deiner Krimi-Bildergeschichte.

Kontrolliere und verbessere. ✓ → ☐ **Fall gelöst!**

Erzähle oder schreibe nun einen Krimi zu deiner Bildergeschichte.

Fall 14

Der zerrissene Drohbrief

1

3

2

Schneide die Puzzleteile aus. Klebe die drei passenden Puzzleteile in Bild 2.

Findest du die Erpresser? Kreise ein.

Male Bild 1 und Bild 3, sodass eine Krimi-Bildergeschichte entsteht.

Erzähle.

Der zerrissene Drohbrief

Was sagt Lehrer Ecki Eckstoß? Schreibe es in die Sprechblase.

a) Wie lautet der Text des zerrissenen Drohbriefes?

b) Welche Strafe erhalten die Erpresser?

Antworte in ganzen Sätzen.

zerreißen,

Schreibe weitere Wörter zu deiner Krimi-Bildergeschichte.

Kontrolliere und verbessere. ✓ → ☐ **Fall gelöst!**

Erzähle oder schreibe nun einen Krimi zu deiner Bildergeschichte.

Fall 15 Der Geburtstag von Sekretärin Tina Tippi

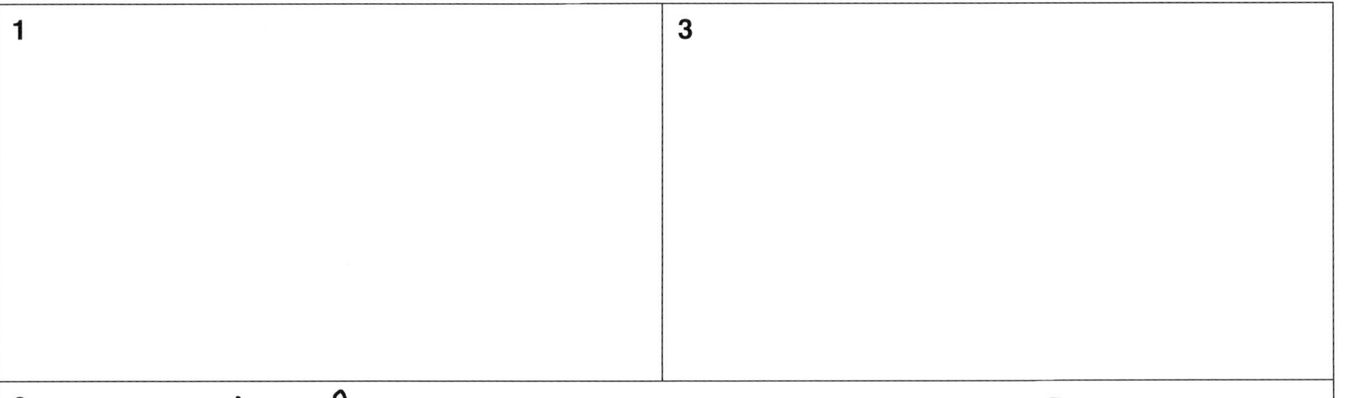

1

3

2

Schneide die Puzzleteile aus. Klebe die drei passenden Puzzleteile in Bild 2.

Welche Schlüssel passen in welches Schloss? Verbinde.

Male Bild 1 und Bild 3, sodass eine Krimi-Bildergeschichte entsteht.

Erzähle.

Der Geburtstag von Sekretärin Tina Tippi

Fall 15

a) Pia Pinsel hat ein Bild von Tina Tippi gemalt.	O ja	O nein
b) Tina Tippi hat fünf Rosen geschenkt bekommen.	O ja	O nein
c) Berta Brühe hat eine Torte gebacken.	O ja	O nein
d) Karl Komma möchte Tina Tippi ein Buch schenken.	O ja	O nein
e) Kurt Kehrblech singt ein Geburtstagslied.	O ja	O nein
f) Tina Tippi weint vor Freude.	O ja	O nein

Lies. Kreuze an.

a) Wie alt ist Tina Tippi?

b) Was machen einige Lehrer?

c) Welche Lehrer haben Geschenke?

d) Welche Überraschung ist in der Schatzkiste?

Antworte in ganzen Sätzen.

schenken,

Schreibe weitere Wörter zu deiner Krimi-Bildergeschichte.

Kontrolliere und verbessere. ✓ → ☐ **Fall gelöst!**

Erzähle oder schreibe nun einen Krimi zu deiner Bildergeschichte.

Fall 16 April, April!

1

3

2

Schneide die Puzzleteile aus. Klebe die drei passenden Puzzleteile in Bild 2.

Findest du alle 4 Aprilscherze? Kreise ein.

Male Bild 1 und Bild 3, sodass eine Krimi-Bildergeschichte entsteht.

Erzähle.

April, April!

a)	b)	c)
O Mit einer Brille kann man schärfer sehen. O Mit einer Brille kann man schöner sehen.	O In Zeitungen liest man Nachrichten. O In Zeitungen hört man Nachrichten.	O Mit einer Kaffeemaschine kocht man Kaffee. O Mit einer Kaffeemaschine kocht man Maschinen.
d) Was macht Zacharias Ziffer? O Er liest ein Buch. O Er liest Zeitung.	**e) Was macht Karl Komma?** O Er trinkt Kaffee. O Er isst Kuchen.	**f) Wo sind Pfiffig und Fiffi?** O Sie sind im Büro. O Sie sind im Lehrerzimmer.

Kreuze an.

a) Wie heißen die Zeitungen, die Pfiffig, Ziffer und Fiffi lesen?

____

____

____

b) Denke dir auch einen Aprilscherz aus.

____

____

____

Antworte in ganzen Sätzen.

Aprilscherz,

Schreibe weitere Wörter zu deiner Krimi-Bildergeschichte.

Kontrolliere und verbessere. ✓ → ☐ **Fall gelöst!**

Erzähle oder schreibe nun einen Krimi zu deiner Bildergeschichte.

Fall 17 Die unsichtbaren Musikinstrumente

1

3

2

Schneide die Puzzleteile aus. Klebe die zwei passenden Puzzleteile in Bild 2.

Findest du die fehlenden Musikinstrumente? Kreise ein.

Male Bild 1 und Bild 3, sodass eine Krimi-Bildergeschichte entsteht.

Erzähle.

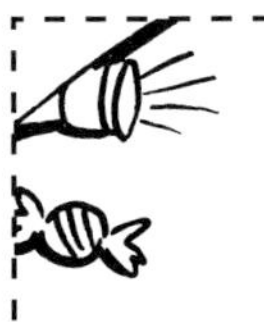

Die unsichtbaren Musikinstrumente

Was sagt Lehrerin Gitti Gitarre? Schreibe es in die Sprechblase.

a) Warum haben die Kinder die Musikinstrumente versteckt?

b) Was machen die Kinder, nachdem alle Musikinstrumente entdeckt worden sind?

Antworte in ganzen Sätzen.

Scherz,

Schreibe weitere Wörter zu deiner Krimi-Bildergeschichte.

Kontrolliere und verbessere. ✓ → ☐ **Fall gelöst!**

Erzähle oder schreibe nun einen Krimi zu deiner Bildergeschichte.

Fall
18 Das seltsame Märchentheater

1

3

2

Die Theater-AG zeigt „ROTKÄPPCHEN“

Schneide die Puzzleteile aus. Klebe die vier passenden Puzzleteile in Bild 2.

Wer oder was ist hier in „Rotkäppchen“ falsch? Kreise ein.

Male Bild 1 und Bild 3, sodass eine Krimi-Bildergeschichte entsteht.

Erzähle.

Das seltsame Märchentheater

Fall 18

a)	Rotkäppchen liegt im Bett.	○ ja	○ nein
b)	In Rotkäppchens Korb liegt eine Flasche Saft.	○ ja	○ nein
c)	Die Theater-AG zeigt „Rotkäppchen".	○ ja	○ nein
d)	Der Wolf liegt im Bett.	○ ja	○ nein
e)	Der gestiefelte Kater trägt einen Hut.	○ ja	○ nein
f)	Der Froschkönig sitzt auf der Leiter.	○ ja	○ nein
g)	Detektiv Pfiffig sitzt im Publikum.	○ ja	○ nein
h)	Doris Dalli-Dalli sitzt im Publikum.	○ ja	○ nein
i)	Der gestiefelte Kater trägt Stiefel.	○ ja	○ nein
j)	Maria Millimeter steht auf der Bühne.	○ ja	○ nein

Lies. Kreuze an.

1. Bild: ____________________

____

____

2. Bild: ____________________

____

____

3. Bild: ____________________

____

____

Schreibe zu jedem Krimibild zwei bis drei kurze Sätze. Lies vor.

Bühne,

Schreibe weitere Wörter zu deiner Krimi-Bildergeschichte.

Kontrolliere und verbessere. ✓ → ☐ **Fall gelöst!**

Erzähle oder schreibe nun einen Krimi zu deiner Bildergeschichte.

Fall 19

Die Bücherei-Rallye

1

3

2

Schneide die Puzzleteile aus. Klebe die vier passenden Puzzleteile in Bild 2.

Löse das Rätsel. Schreibe die Lösungen und den Lösungssatz auf.

Male Bild 1 und Bild 3, sodass eine Krimi-Bildergeschichte entsteht.

Erzähle.

Die Bücherei-Rallye

Fall 19

Name: ______________________

Alter: ______________________

Größe: ______________________

Haarfarbe: ______________________

Augenfarbe: ______________________

Beruf: ______________________

Besonderheiten: ______________________

Wer ist das? Schreibe einen Steckbrief. Du darfst auch schätzen und erfinden.

1. Bild: ______________________

____

____

2. Bild: ______________________

____

____

3. Bild: ______________________

____

____

Schreibe zu jedem Krimibild zwei bis drei kurze Sätze. Lies vor.

ausleihen,

Schreibe weitere Wörter zu deiner Krimi-Bildergeschichte.

Kontrolliere und verbessere. ✓ → ☐ **Fall gelöst!**

Erzähle oder schreibe nun einen Krimi zu deiner Bildergeschichte.

Fall 20

Das gestohlene Getränkegeld

1

3

2

Schneide die Puzzleteile aus. Klebe die vier passenden Puzzleteile in Bild 2.

Wer ist der „Getränkegeld-Dieb"? Kreise ein.

Male Bild 1 und Bild 3, sodass eine Krimi-Bildergeschichte entsteht.

Erzähle.

Das gestohlene Getränkegeld

Fall 20

Name: ______

Alter: ______

Größe: ______

Haarfarbe: ______

Augenfarbe: ______

Beruf: ______

Besonderheiten: ______

Wer ist das? Schreibe einen Steckbrief. Du darfst auch schätzen und erfinden.

1. Bild: ______

2. Bild: ______

3. Bild: ______

Schreibe zu jedem Krimibild zwei bis drei kurze Sätze. Lies vor.

Handschuhe,

Schreibe weitere Wörter zu deiner Krimi-Bildergeschichte.

Kontrolliere und verbessere. ✓ → ☐ **Fall gelöst!**

Erzähle oder schreibe nun einen Krimi zu deiner Bildergeschichte.

Fall

21 Das Spielefest der Neu-Schule

1

3

2

Schneide die Puzzleteile aus. Klebe die vier passenden Puzzleteile in Bild 2.

Welche 4 Schüler schummeln? Kreise ein.

Male Bild 1 und Bild 3, sodass eine Krimi-Bildergeschichte entsteht.

Erzähle.

Das Spielefest der Neu-Schule

a) Das Spielefest findet im Schulgebäude statt.	○ ja	○ nein
b) Hund Flecko schiebt Kater Kuno an.	○ ja	○ nein
c) Detektiv Pfiffig schiebt Hund Fiffi an.	○ ja	○ nein
d) Beim Dosenwerfen stehen noch fünf Dosen.	○ ja	○ nein
e) Beim Sackhüpfen machen vier Kinder mit.	○ ja	○ nein
f) In der Torwand sind zwei gleich große Löcher.	○ ja	○ nein
g) Ein Mädchen schießt auf die Torwand.	○ ja	○ nein
h) Am Luftballon-Wettbewerb nehmen zwei Jungen teil.	○ ja	○ nein
i) Sieben Lehrer der Neu-Schule schauen zu.	○ ja	○ nein
j) Das Spielefest findet im Januar statt.	○ ja	○ nein

Lies. Kreuze an.

1. Bild: ______________________________

____

____

2. Bild: ______________________________

____

____

3. Bild: ______________________________

____

____

Schreibe zu jedem Krimibild zwei bis drei kurze Sätze. Lies vor.

Torwand,

Schreibe weitere Wörter zu deiner Krimi-Bildergeschichte.

Kontrolliere und verbessere. ✓ → ☐ **Fall gelöst!**

Erzähle oder schreibe nun einen Krimi zu deiner Bildergeschichte.

Fall 22 Die Schatzkarte

1

3

2

NEU-SCHULE
Schöne Ferien!

SCHATZKARTE
uhsRcet
______
gttKelrbeur
______
ndakSsntea
______

Urkunde
Brief von
Zeugnis gut
Scotland Yard

Schneide die Puzzleteile aus. Klebe die vier passenden Puzzleteile in Bild 2.

Wo sind die drei Schätze versteckt? Schreibe die Lösungen auf. Kreise ein.

Male Bild 1 und Bild 3, sodass eine Krimi-Bildergeschichte entsteht.

Erzähle.

Die Schatzkarte

Fall 22

a) Doris Dalli-Dalli winkt zum Abschied mit dem Taschentuch.	O ja O nein
b) Fiffi hat sich als Komissar verkleidet.	O ja O nein
c) Vor der Rutsche steht eine Wippe.	O ja O nein
d) Neben den Hüpfkästchen steht eine Schaukel.	O ja O nein
e) Gitti Gitarre winkt zum Abschied mit dem Taschentuch.	O ja O nein
f) Die Neu-Schule wünscht allen schöne Ferien.	O ja O nein
g) Es ist schönes Wetter und die Sonne scheint.	O ja O nein
h) Auf der Kletterburg spielen Kinder.	O ja O nein
i) Detektiv Pfiffig trägt ein T-Shirt, weil es so heiß ist.	O ja O nein
j) Auf dem Zeugnis steht „sehr gut".	O ja O nein

Lies. Kreuze an.

1. Bild: ______________________________

____

____

2. Bild: ______________________________

____

____

3. Bild: ______________________________

____

____

Schreibe zu jedem Krimibild zwei bis drei kurze Sätze. Lies vor.

suchen,

Schreibe weitere Wörter zu deiner Krimi-Bildergeschichte.

Kontrolliere und verbessere. ✓ → ☐ **Fall gelöst!**

Erzähle oder schreibe nun einen Krimi zu deiner Bildergeschichte.

Pfiffigs Detektiv-Wörter-Liste

abhören	Fall	Handschellen	Steckbrief
Alarmanlage	Falschgeld	Hinweis	stehlen
alarmieren	Fälschung, gefälscht	Kartei	suchen
Angst	fassen	klauen	Taschendieb
aufdecken	Fernglas	kombinieren	Taschenlampe
Aussage	Festnahme	Kommissar	Tat
Ausweis	Fingerabdruck	kostbar	Täter
befragen	fliehen, Flucht	lauschen	Tatort
Belohnung	Foto	Lüge, lügen	Tatzeit
beobachten	fotografieren	Lupe	Trick
beschreiben	Funkgerät	merkwürdig	Überfall, überfallen
Beweis, beweisen	fürchten	mutig	überlegen
Botschaft	Gauner	notieren, Notiz	Uhr, Uhrzeit
Code	gefährlich	Notizblock	unheimlich
Detektiv	Gefängnis	Opfer	untersuchen
Detektivbüro	geheim	Pistole	Verbrechen
Detektiv-Klub	Geheimgang	Polizei, Polizist	Verdacht, verdächtigen
Diamanten	Geheimnis	Rätsel	verfolgen
Dieb	Geheimsprache	rauben, Räuber	verletzen, Verletzung
Diebstahl	Geheimschrift	schleichen	verraten
durchsuchen	Geld	Schmuck	verschwinden
entdecken	Geräusche	Schuss	verstecken
entschlüsseln, entziffern	gestehen	seltsam	wertvoll
ermitteln	Gold	spannend	Zeuge
erwischen	grübeln	Spur	zugeben

Du kannst diese Wörter in für deine Krimis verwenden. Schlage die Wörter nach, die du nicht kennst.

Lösungskarten für die Selbstkontrolle: Cover für das Lösungsheft und Lehrer der Neu-Schule

Lösungskarten für die Selbstkontrolle: Fälle 1–2

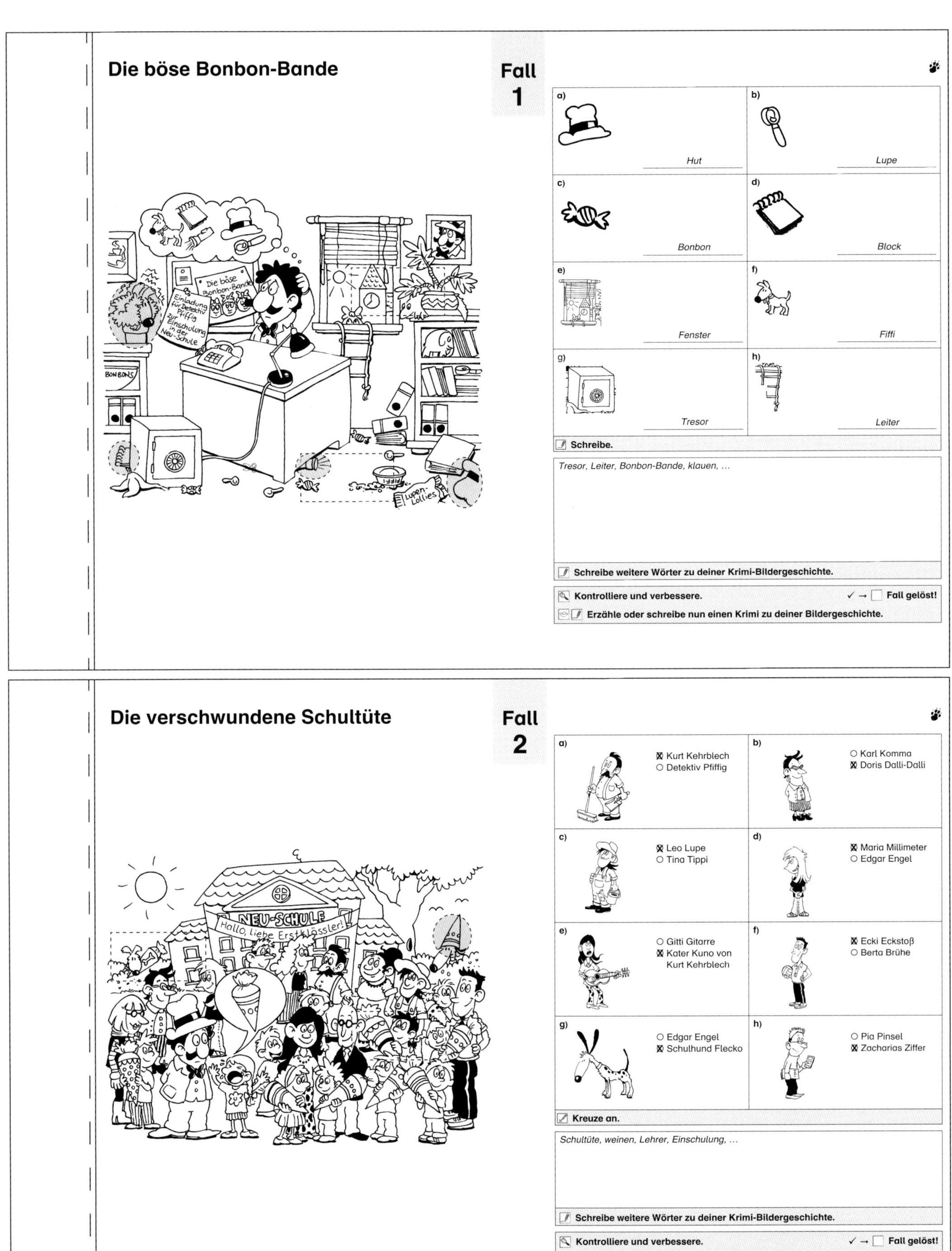

Die böse Bonbon-Bande

Fall 1

a) *Hut*

b) *Lupe*

c) *Bonbon*

d) *Block*

e) *Fenster*

f) *Fiffi*

g) *Tresor*

h) *Leiter*

Schreibe.

Tresor, Leiter, Bonbon-Bande, klauen, …

Schreibe weitere Wörter zu deiner Krimi-Bildergeschichte.

Kontrolliere und verbessere. ✓ → ☐ **Fall gelöst!**

Erzähle oder schreibe nun einen Krimi zu deiner Bildergeschichte.

Die verschwundene Schultüte

Fall 2

a) ☒ Kurt Kehrblech ○ Detektiv Pfiffig

b) ○ Karl Komma ☒ Doris Dalli-Dalli

c) ☒ Leo Lupe ○ Tina Tippi

d) ☒ Maria Millimeter ○ Edgar Engel

e) ○ Gitti Gitarre ☒ Kater Kuno von Kurt Kehrblech

f) ☒ Ecki Eckstoß ○ Berta Brühe

g) ○ Edgar Engel ☒ Schulhund Flecko

h) ○ Pia Pinsel ☒ Zacharias Ziffer

Kreuze an.

Schultüte, weinen, Lehrer, Einschulung, …

Schreibe weitere Wörter zu deiner Krimi-Bildergeschichte.

Kontrolliere und verbessere. ✓ → ☐ **Fall gelöst!**

Erzähle oder schreibe nun einen Krimi zu deiner Bildergeschichte.

Lösungskarten für die Selbstkontrolle: Fälle 3–4

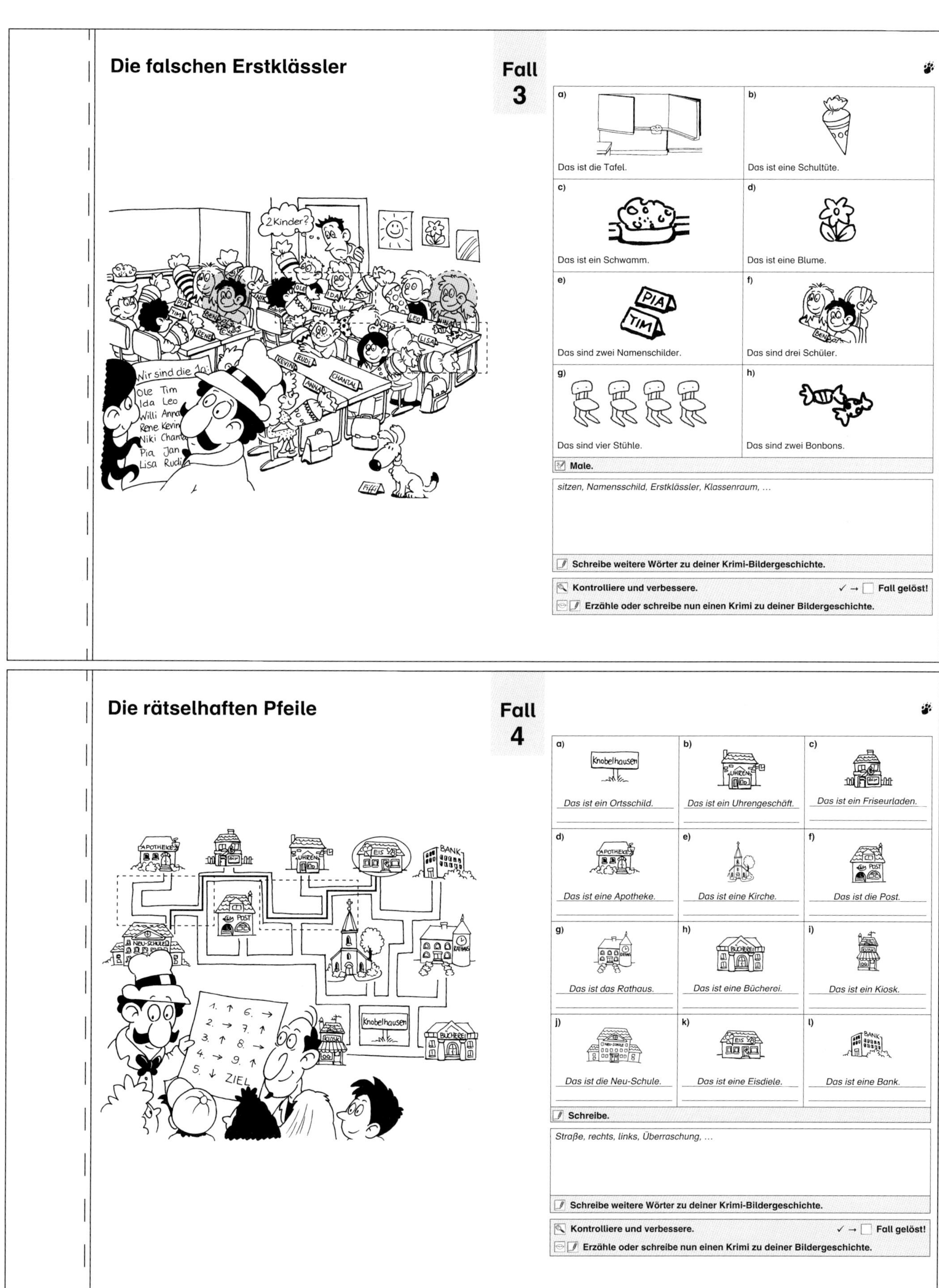

Lösungskarten für die Selbstkontrolle: Fälle 5–6

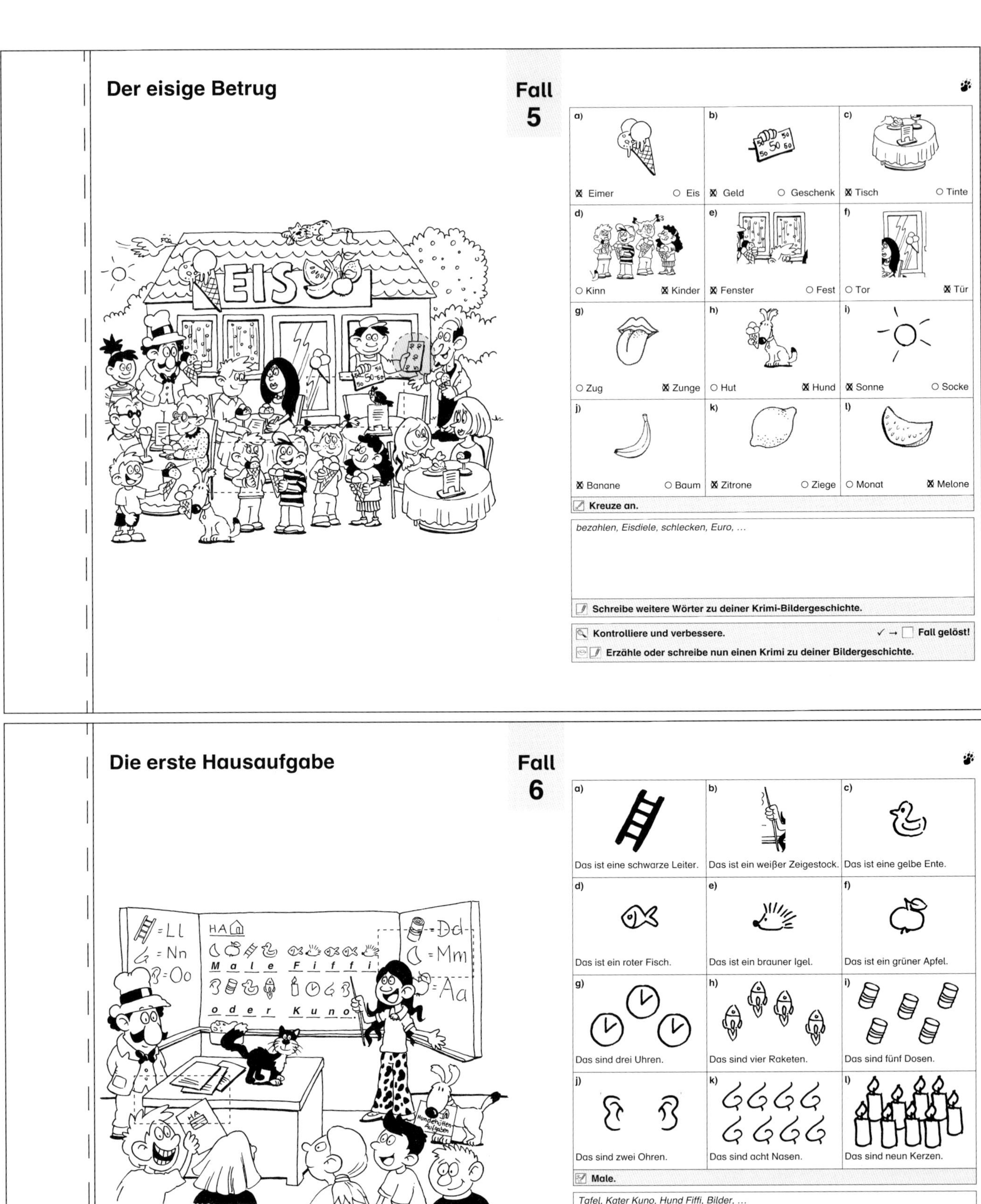

Der eisige Betrug

Fall 5

a)	b)	c)
☒ Eimer ○ Eis	☒ Geld ○ Geschenk	☒ Tisch ○ Tinte
d)	**e)**	**f)**
○ Kinn ☒ Kinder	☒ Fenster ○ Fest	○ Tor ☒ Tür
g)	**h)**	**i)**
○ Zug ☒ Zunge	○ Hut ☒ Hund	☒ Sonne ○ Socke
j)	**k)**	**l)**
☒ Banane ○ Baum	☒ Zitrone ○ Ziege	○ Monat ☒ Melone

Kreuze an.

bezahlen, Eisdiele, schlecken, Euro, …

Schreibe weitere Wörter zu deiner Krimi-Bildergeschichte.

Kontrolliere und verbessere. ✓ → ☐ Fall gelöst!

Erzähle oder schreibe nun einen Krimi zu deiner Bildergeschichte.

Die erste Hausaufgabe

Fall 6

a)	b)	c)
Das ist eine schwarze Leiter.	Das ist ein weißer Zeigestock.	Das ist eine gelbe Ente.
d)	**e)**	**f)**
Das ist ein roter Fisch.	Das ist ein brauner Igel.	Das ist ein grüner Apfel.
g)	**h)**	**i)**
Das sind drei Uhren.	Das sind vier Raketen.	Das sind fünf Dosen.
j)	**k)**	**l)**
Das sind zwei Ohren.	Das sind acht Nasen.	Das sind neun Kerzen.

Male.

Tafel, Kater Kuno, Hund Fiffi, Bilder, …

Schreibe weitere Wörter zu deiner Krimi-Bildergeschichte.

Kontrolliere und verbessere. ✓ → ☐ Fall gelöst!

Erzähle oder schreibe nun einen Krimi zu deiner Bildergeschichte.

Lösungskarten für die Selbstkontrolle: Fälle 7–8

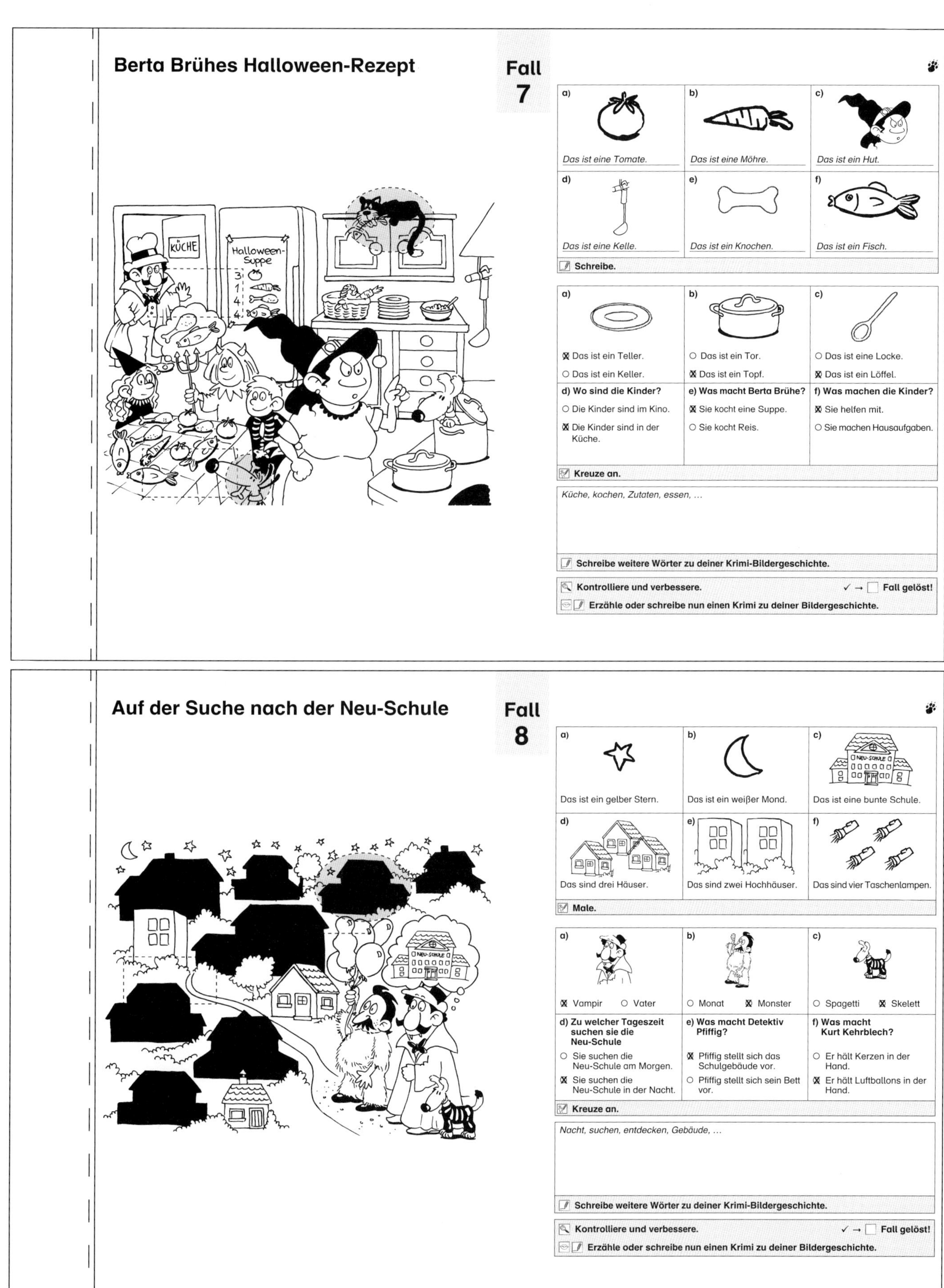

Berta Brühes Halloween-Rezept

Fall 7

a)	b)	c)
Das ist eine Tomate.	*Das ist eine Möhre.*	*Das ist ein Hut.*
d)	**e)**	**f)**
Das ist eine Kelle.	*Das ist ein Knochen.*	*Das ist ein Fisch.*

Schreibe.

a)	b)	c)
☒ Das ist ein Teller. ○ Das ist ein Keller.	○ Das ist ein Tor. ☒ Das ist ein Topf.	○ Das ist eine Locke. ☒ Das ist ein Löffel.
d) Wo sind die Kinder?	**e) Was macht Berta Brühe?**	**f) Was machen die Kinder?**
○ Die Kinder sind im Kino. ☒ Die Kinder sind in der Küche.	☒ Sie kocht eine Suppe. ○ Sie kocht Reis.	☒ Sie helfen mit. ○ Sie machen Hausaufgaben.

Kreuze an.

Küche, kochen, Zutaten, essen, …

Schreibe weitere Wörter zu deiner Krimi-Bildergeschichte.

Kontrolliere und verbessere. ✓ → ☐ **Fall gelöst!**

Erzähle oder schreibe nun einen Krimi zu deiner Bildergeschichte.

Auf der Suche nach der Neu-Schule

Fall 8

a)	b)	c)
Das ist ein gelber Stern.	Das ist ein weißer Mond.	Das ist eine bunte Schule.
d)	**e)**	**f)**
Das sind drei Häuser.	Das sind zwei Hochhäuser.	Das sind vier Taschenlampen.

Male.

a)	b)	c)
☒ Vampir ○ Vater	○ Monat ☒ Monster	○ Spagetti ☒ Skelett
d) Zu welcher Tageszeit suchen sie die Neu-Schule	**e) Was macht Detektiv Pfiffig?**	**f) Was macht Kurt Kehrblech?**
○ Sie suchen die Neu-Schule am Morgen. ☒ Sie suchen die Neu-Schule in der Nacht.	☒ Pfiffig stellt sich das Schulgebäude vor. ○ Pfiffig stellt sich sein Bett vor.	○ Er hält Kerzen in der Hand. ☒ Er hält Luftballons in der Hand.

Kreuze an.

Nacht, suchen, entdecken, Gebäude, …

Schreibe weitere Wörter zu deiner Krimi-Bildergeschichte.

Kontrolliere und verbessere. ✓ → ☐ **Fall gelöst!**

Erzähle oder schreibe nun einen Krimi zu deiner Bildergeschichte.

Lösungskarten für die Selbstkontrolle: Fälle 9 – 10

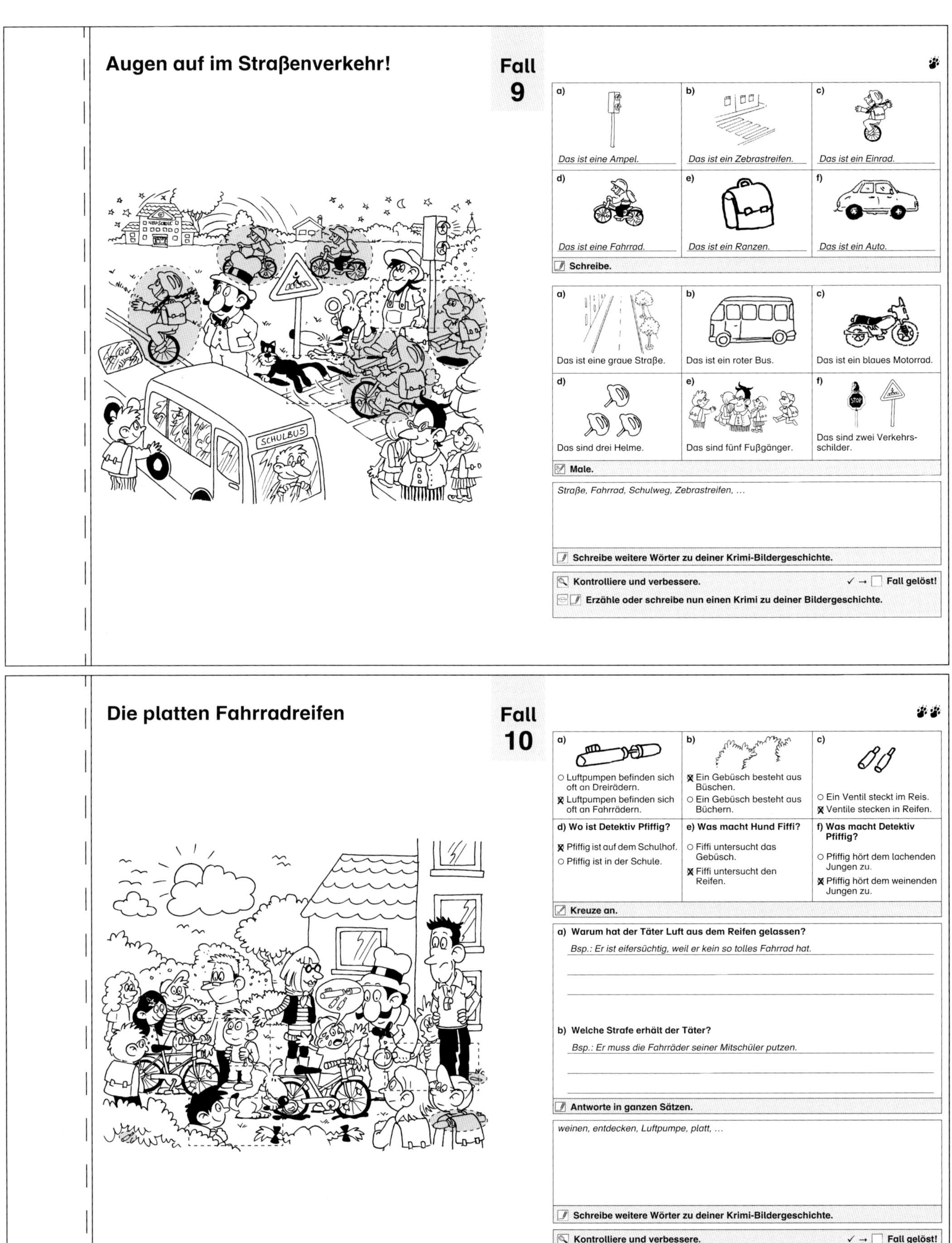

Augen auf im Straßenverkehr!

Fall 9

a)	b)	c)
Das ist eine Ampel.	*Das ist ein Zebrastreifen.*	*Das ist ein Einrad.*
d)	**e)**	**f)**
Das ist eine Fahrrad.	*Das ist ein Ranzen.*	*Das ist ein Auto.*

Schreibe.

a)	b)	c)
Das ist eine graue Straße.	Das ist ein roter Bus.	Das ist ein blaues Motorrad.
d)	**e)**	**f)**
Das sind drei Helme.	Das sind fünf Fußgänger.	Das sind zwei Verkehrsschilder.

Male.

Straße, Fahrrad, Schulweg, Zebrastreifen, …

Schreibe weitere Wörter zu deiner Krimi-Bildergeschichte.

Kontrolliere und verbessere. ✓ → ☐ **Fall gelöst!**

Erzähle oder schreibe nun einen Krimi zu deiner Bildergeschichte.

Die platten Fahrradreifen

Fall 10

a)	b)	c)
○ Luftpumpen befinden sich oft an Dreirädern. ☒ Luftpumpen befinden sich oft an Fahrrädern.	☒ Ein Gebüsch besteht aus Büschen. ○ Ein Gebüsch besteht aus Büchern.	○ Ein Ventil steckt im Reis. ☒ Ventile stecken in Reifen.
d) Wo ist Detektiv Pfiffig?	**e) Was macht Hund Fiffi?**	**f) Was macht Detektiv Pfiffig?**
☒ Pfiffig ist auf dem Schulhof. ○ Pfiffig ist in der Schule.	○ Fiffi untersucht das Gebüsch. ☒ Fiffi untersucht den Reifen.	○ Pfiffig hört dem lachenden Jungen zu. ☒ Pfiffig hört dem weinenden Jungen zu.

Kreuze an.

a) Warum hat der Täter Luft aus dem Reifen gelassen?

Bsp.: Er ist eifersüchtig, weil er kein so tolles Fahrrad hat.

b) Welche Strafe erhält der Täter?

Bsp.: Er muss die Fahrräder seiner Mitschüler putzen.

Antworte in ganzen Sätzen.

weinen, entdecken, Luftpumpe, platt, …

Schreibe weitere Wörter zu deiner Krimi-Bildergeschichte.

Kontrolliere und verbessere. ✓ → ☐ **Fall gelöst!**

Erzähle oder schreibe nun einen Krimi zu deiner Bildergeschichte.

Lösungskarten für die Selbstkontrolle: Fälle 11 – 12

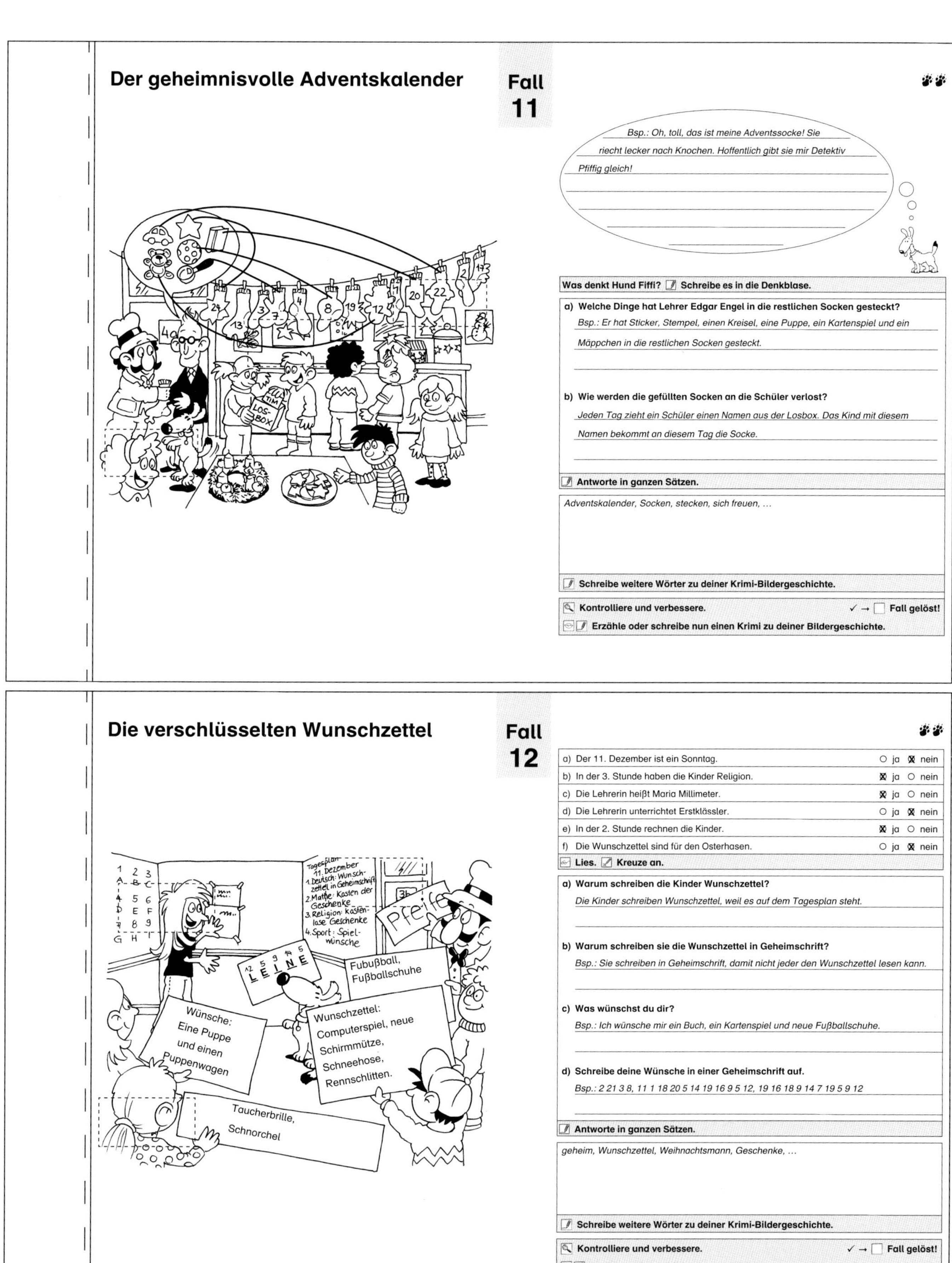

Der geheimnisvolle Adventskalender

Fall 11

Bsp.: Oh, toll, das ist meine Adventssocke! Sie riecht lecker nach Knochen. Hoffentlich gibt sie mir Detektiv Pfiffig gleich!

Was denkt Hund Fiffi? Schreibe es in die Denkblase.

a) Welche Dinge hat Lehrer Edgar Engel in die restlichen Socken gesteckt?

Bsp.: Er hat Sticker, Stempel, einen Kreisel, eine Puppe, ein Kartenspiel und ein Mäppchen in die restlichen Socken gesteckt.

b) Wie werden die gefüllten Socken an die Schüler verlost?

Jeden Tag zieht ein Schüler einen Namen aus der Losbox. Das Kind mit diesem Namen bekommt an diesem Tag die Socke.

Antworte in ganzen Sätzen.

Adventskalender, Socken, stecken, sich freuen, …

Schreibe weitere Wörter zu deiner Krimi-Bildergeschichte.

Kontrolliere und verbessere. ✓ → ☐ **Fall gelöst!**

Erzähle oder schreibe nun einen Krimi zu deiner Bildergeschichte.

Die verschlüsselten Wunschzettel

Fall 12

a) Der 11. Dezember ist ein Sonntag.	○ ja	☒ nein
b) In der 3. Stunde haben die Kinder Religion.	☒ ja	○ nein
c) Die Lehrerin heißt Maria Millimeter.	☒ ja	○ nein
d) Die Lehrerin unterrichtet Erstklässler.	○ ja	☒ nein
e) In der 2. Stunde rechnen die Kinder.	☒ ja	○ nein
f) Die Wunschzettel sind für den Osterhasen.	○ ja	☒ nein

Lies. Kreuze an.

a) Warum schreiben die Kinder Wunschzettel?

Die Kinder schreiben Wunschzettel, weil es auf dem Tagesplan steht.

b) Warum schreiben sie die Wunschzettel in Geheimschrift?

Bsp.: Sie schreiben in Geheimschrift, damit nicht jeder den Wunschzettel lesen kann.

c) Was wünschst du dir?

Bsp.: Ich wünsche mir ein Buch, ein Kartenspiel und neue Fußballschuhe.

d) Schreibe deine Wünsche in einer Geheimschrift auf.

Bsp.: 2 21 3 8, 11 1 18 20 5 14 19 16 9 5 12, 19 16 18 9 14 7 19 5 9 12

Antworte in ganzen Sätzen.

geheim, Wunschzettel, Weihnachtsmann, Geschenke, …

Schreibe weitere Wörter zu deiner Krimi-Bildergeschichte.

Kontrolliere und verbessere. ✓ → ☐ **Fall gelöst!**

Erzähle oder schreibe nun einen Krimi zu deiner Bildergeschichte.

Lösungskarten für die Selbstkontrolle: Fälle 13 – 14

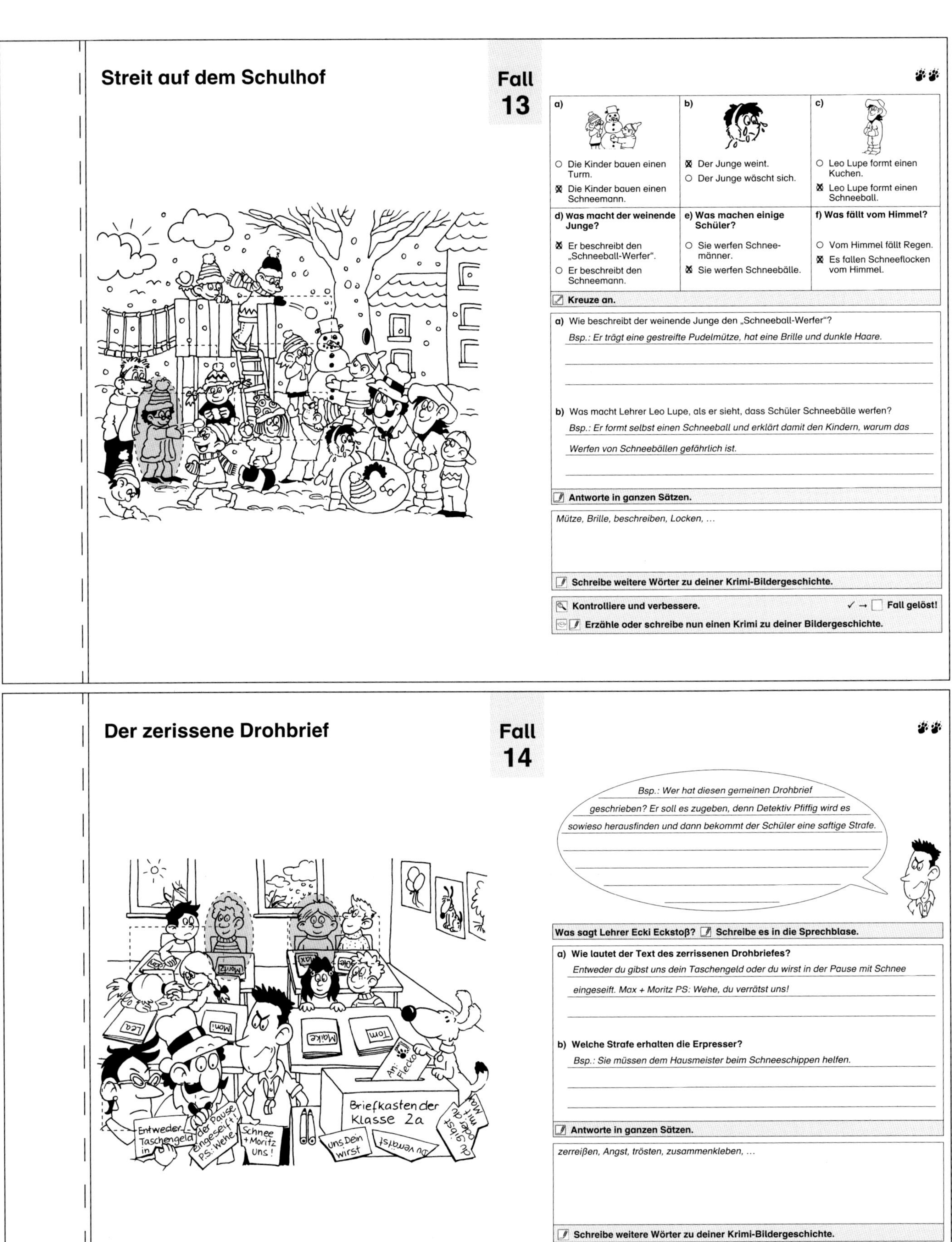

Streit auf dem Schulhof

Fall 13

a)	b)	c)
○ Die Kinder bauen einen Turm. ☒ Die Kinder bauen einen Schneemann.	☒ Der Junge weint. ○ Der Junge wäscht sich.	○ Leo Lupe formt einen Kuchen. ☒ Leo Lupe formt einen Schneeball.
d) Was macht der weinende Junge?	**e) Was machen einige Schüler?**	**f) Was fällt vom Himmel?**
☒ Er beschreibt den „Schneeball-Werfer". ○ Er beschreibt den Schneemann.	○ Sie werfen Schneemänner. ☒ Sie werfen Schneebälle.	○ Vom Himmel fällt Regen. ☒ Es fallen Schneeflocken vom Himmel.

Kreuze an.

a) Wie beschreibt der weinende Junge den „Schneeball-Werfer"?

Bsp.: Er trägt eine gestreifte Pudelmütze, hat eine Brille und dunkle Haare.

b) Was macht Lehrer Leo Lupe, als er sieht, dass Schüler Schneebälle werfen?

Bsp.: Er formt selbst einen Schneeball und erklärt damit den Kindern, warum das Werfen von Schneebällen gefährlich ist.

Antworte in ganzen Sätzen.

Mütze, Brille, beschreiben, Locken, …

Schreibe weitere Wörter zu deiner Krimi-Bildergeschichte.

Kontrolliere und verbessere. ✓ → ☐ **Fall gelöst!**

Erzähle oder schreibe nun einen Krimi zu deiner Bildergeschichte.

Der zerissene Drohbrief

Fall 14

Bsp.: Wer hat diesen gemeinen Drohbrief geschrieben? Er soll es zugeben, denn Detektiv Pfiffig wird es sowieso herausfinden und dann bekommt der Schüler eine saftige Strafe.

Was sagt Lehrer Ecki Eckstoß? Schreibe es in die Sprechblase.

a) Wie lautet der Text des zerrissenen Drohbriefes?

Entweder du gibst uns dein Taschengeld oder du wirst in der Pause mit Schnee eingeseift. Max + Moritz PS: Wehe, du verrätst uns!

b) Welche Strafe erhalten die Erpresser?

Bsp.: Sie müssen dem Hausmeister beim Schneeschippen helfen.

Antworte in ganzen Sätzen.

zerreißen, Angst, trösten, zusammenkleben, …

Schreibe weitere Wörter zu deiner Krimi-Bildergeschichte.

Kontrolliere und verbessere. ✓ → ☐ **Fall gelöst!**

Erzähle oder schreibe nun einen Krimi zu deiner Bildergeschichte.

Lösungskarten für die Selbstkontrolle: Fälle 15–16

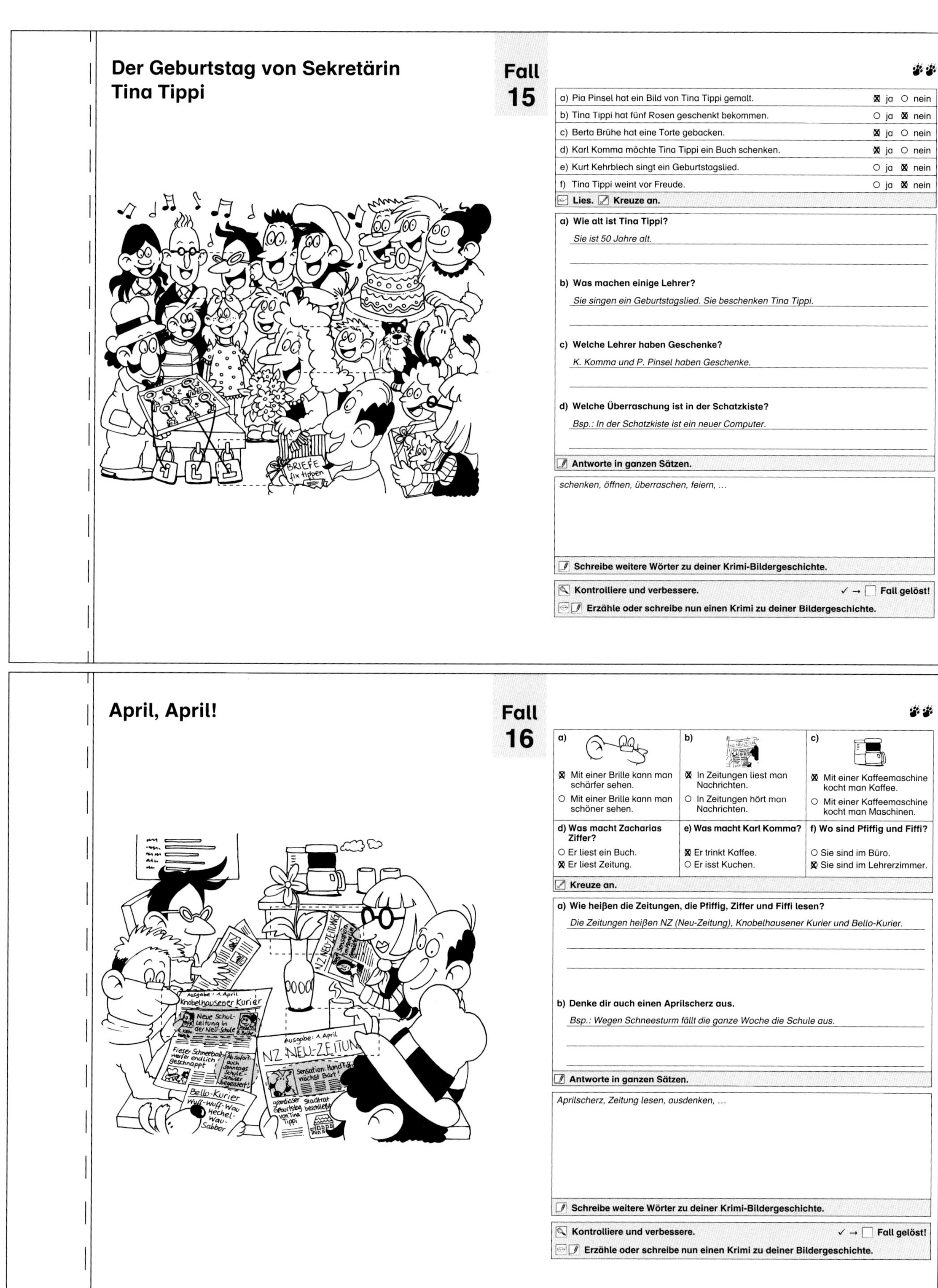

Der Geburtstag von Sekretärin Tina Tippi

Fall 15

a) Pia Pinsel hat ein Bild von Tina Tippi gemalt.	☒ ja ○ nein
b) Tina Tippi hat fünf Rosen geschenkt bekommen.	○ ja ☒ nein
c) Berta Brühe hat eine Torte gebacken.	☒ ja ○ nein
d) Karl Komma möchte Tina Tippi ein Buch schenken.	☒ ja ○ nein
e) Kurt Kehrblech singt ein Geburtstagslied.	○ ja ☒ nein
f) Tina Tippi weint vor Freude.	○ ja ☒ nein

Lies. Kreuze an.

a) Wie alt ist Tina Tippi?

Sie ist 50 Jahre alt.

b) Was machen einige Lehrer?

Sie singen ein Geburtstagslied. Sie beschenken Tina Tippi.

c) Welche Lehrer haben Geschenke?

K. Komma und P. Pinsel haben Geschenke.

d) Welche Überraschung ist in der Schatzkiste?

Bsp.: In der Schatzkiste ist ein neuer Computer.

Antworte in ganzen Sätzen.

schenken, öffnen, überraschen, feiern, …

Schreibe weitere Wörter zu deiner Krimi-Bildergeschichte.

Kontrolliere und verbessere. ✓ → ☐ **Fall gelöst!**

Erzähle oder schreibe nun einen Krimi zu deiner Bildergeschichte.

April, April!

Fall 16

a)	b)	c)
☒ Mit einer Brille kann man schärfer sehen. ○ Mit einer Brille kann man schöner sehen.	☒ In Zeitungen liest man Nachrichten. ○ In Zeitungen hört man Nachrichten.	☒ Mit einer Kaffeemaschine kocht man Kaffee. ○ Mit einer Kaffeemaschine kocht man Maschinen.
d) Was macht Zacharias Ziffer?	**e) Was macht Karl Komma?**	**f) Wo sind Pfiffig und Fiffi?**
○ Er liest ein Buch. ☒ Er liest Zeitung.	☒ Er trinkt Kaffee. ○ Er isst Kuchen.	○ Sie sind im Büro. ☒ Sie sind im Lehrerzimmer.

Kreuze an.

a) Wie heißen die Zeitungen, die Pfiffig, Ziffer und Fiffi lesen?

Die Zeitungen heißen NZ (Neu-Zeitung), Knobelhausener Kurier und Bello-Kurier.

b) Denke dir auch einen Aprilscherz aus.

Bsp.: Wegen Schneesturm fällt die ganze Woche die Schule aus.

Antworte in ganzen Sätzen.

Aprilscherz, Zeitung lesen, ausdenken, …

Schreibe weitere Wörter zu deiner Krimi-Bildergeschichte.

Kontrolliere und verbessere. ✓ → ☐ **Fall gelöst!**

Erzähle oder schreibe nun einen Krimi zu deiner Bildergeschichte.

Lösungskarten für die Selbstkontrolle: Fälle 17–18

Die unsichtbaren Musikinstrumente

Fall 17

Was sagt Lehrerin Gitti Gitarre? Schreibe es in die Sprechblase.

a) Warum haben die Kinder die Musikinstrumente versteckt?

Bsp.: Sie wollten der Lehrerin einen Streich spielen.

b) Was machen die Kinder, nachdem alle Musikinstrumente entdeckt worden sind?

Bsp.: Sie spielen auf ihnen das neue Lied.

Antworte in ganzen Sätzen.

Scherz, entdecken, Chor, trommeln, …

Schreibe weitere Wörter zu deiner Krimi-Bildergeschichte.

Kontrolliere und verbessere. ✓ → ☐ **Fall gelöst!**

Erzähle oder schreibe nun einen Krimi zu deiner Bildergeschichte.

Das seltsame Märchentheater

Fall 18

		ja	nein
a)	Rotkäppchen liegt im Bett.	○	☒
b)	In Rotkäppchens Korb liegt eine Flasche Saft.	○	☒
c)	Die Theater-AG zeigt „Rotkäppchen".	○	☒
d)	Der Wolf liegt im Bett.	☒	○
e)	Der gestiefelte Kater trägt einen Hut.	☒	○
f)	Der Froschkönig sitzt auf der Leiter.	○	☒
g)	Detektiv Pfiffig sitzt im Publikum.	○	☒
h)	Doris Dalli-Dalli sitzt im Publikum.	☒	○
i)	Der gestiefelte Kater trägt Stiefel.	☒	○
j)	Maria Millimeter steht auf der Bühne.	○	☒

Lies. Kreuze an.

1. Bild:

2. Bild: Bsp. Die Zuschauer rätseln, warum Froschönig, Hexe und gestiefelter Kater mitspielen.

3. Bild:

Schreibe zu jedem Krimibild zwei bis drei kurze Sätze. Lies vor.

Bühne, Schauspiel, Theater spielen, Applaus, …

Schreibe weitere Wörter zu deiner Krimi-Bildergeschichte.

Kontrolliere und verbessere. ✓ → ☐ **Fall gelöst!**

Erzähle oder schreibe nun einen Krimi zu deiner Bildergeschichte.

Lösungskarten für die Selbstkontrolle: Fälle 19 – 20

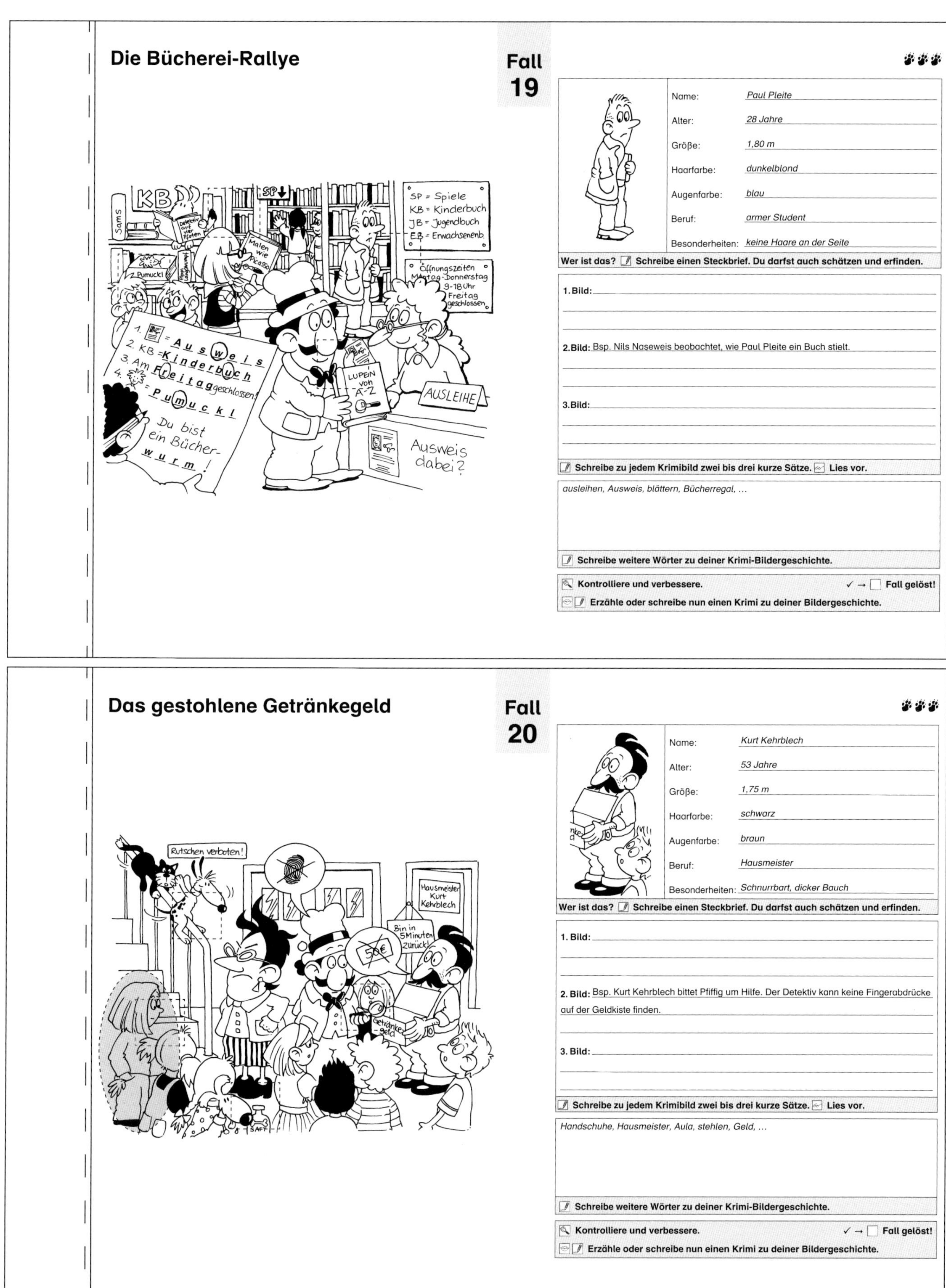

Die Bücherei-Rallye

Fall 19

Name: *Paul Pleite*

Alter: *28 Jahre*

Größe: *1,80 m*

Haarfarbe: *dunkelblond*

Augenfarbe: *blau*

Beruf: *armer Student*

Besonderheiten: *keine Haare an der Seite*

Wer ist das? Schreibe einen Steckbrief. Du darfst auch schätzen und erfinden.

1. Bild: ___

2. Bild: Bsp. Nils Naseweis beobachtet, wie Paul Pleite ein Buch stiehlt.

3. Bild: ___

Schreibe zu jedem Krimibild zwei bis drei kurze Sätze. Lies vor.

ausleihen, Ausweis, blättern, Bücherregal, …

Schreibe weitere Wörter zu deiner Krimi-Bildergeschichte.

Kontrolliere und verbessere. ✓ → ☐ **Fall gelöst!**

Erzähle oder schreibe nun einen Krimi zu deiner Bildergeschichte.

Das gestohlene Getränkegeld

Fall 20

Name: *Kurt Kehrblech*

Alter: *53 Jahre*

Größe: *1,75 m*

Haarfarbe: *schwarz*

Augenfarbe: *braun*

Beruf: *Hausmeister*

Besonderheiten: *Schnurrbart, dicker Bauch*

Wer ist das? Schreibe einen Steckbrief. Du darfst auch schätzen und erfinden.

1. Bild: ___

2. Bild: Bsp. Kurt Kehrblech bittet Pfiffig um Hilfe. Der Detektiv kann keine Fingerabdrücke auf der Geldkiste finden.

3. Bild: ___

Schreibe zu jedem Krimibild zwei bis drei kurze Sätze. Lies vor.

Handschuhe, Hausmeister, Aula, stehlen, Geld, …

Schreibe weitere Wörter zu deiner Krimi-Bildergeschichte.

Kontrolliere und verbessere. ✓ → ☐ **Fall gelöst!**

Erzähle oder schreibe nun einen Krimi zu deiner Bildergeschichte.

Lösungskarten für die Selbstkontrolle: Fälle 21 – 22

Das Spielefest der Neu-Schule

Fall 21

a) Das Spielefest findet im Schulgebäude statt.	○ ja ☒ nein
b) Hund Flecko schiebt Kater Kuno an.	☒ ja ○ nein
c) Detektiv Pfiffig schiebt Hund Fiffi an.	○ ja ☒ nein
d) Beim Dosenwerfen stehen noch fünf Dosen.	☒ ja ○ nein
e) Beim Sackhüpfen machen vier Kinder mit.	☒ ja ○ nein
f) In der Torwand sind zwei gleich große Löcher.	☒ ja ○ nein
g) Ein Mädchen schießt auf die Torwand.	○ ja ☒ nein
h) Am Luftballon-Wettbewerb nehmen zwei Jungen teil.	☒ ja ○ nein
i) Sieben Lehrer der Neu-Schule schauen zu.	○ ja ☒ nein
j) Das Spielefest findet im Januar statt.	○ ja ☒ nein

Lies. Kreuze an.

1. Bild: ______

2. Bild: Bsp. Detektiv Pfiffig stellt fest, dass ein Mädchen beim Sackhüpfen schummelt. Auch Karl Komma beobachtet irritiert das Dosenwerfen.

3. Bild: ______

Schreibe zu jedem Krimibild zwei bis drei kurze Sätze. Lies vor.

Torwand, Sackhüpfen, Dosenwerfen, Stelzen, Luftballon-Wettbewerb, ...

Schreibe weitere Wörter zu deiner Krimi-Bildergeschichte.

Kontrolliere und verbessere. ✓ → ☐ **Fall gelöst!**

Erzähle oder schreibe nun einen Krimi zu deiner Bildergeschichte.

Die Schatzkarte

Fall 22

a) Doris Dalli-Dalli winkt zum Abschied mit dem Taschentuch.	○ ja ☒ nein
b) Fiffi hat sich als Komissar verkleidet.	☒ ja ○ nein
c) Vor der Rutsche steht eine Wippe.	○ ja ☒ nein
d) Neben den Hüpfkästchen steht eine Schaukel.	☒ ja ○ nein
e) Gitti Gitarre winkt zum Abschied mit dem Taschentuch.	☒ ja ○ nein
f) Die Neu-Schule wünscht allen schöne Ferien.	☒ ja ○ nein
g) Es ist schönes Wetter und die Sonne scheint.	☒ ja ○ nein
h) Auf der Kletterburg spielen Kinder.	○ ja ☒ nein
i) Detektiv Pfiffig trägt ein T-Shirt, weil es so heiß ist.	○ ja ☒ nein
j) Auf dem Zeugnis steht „sehr gut".	○ ja ☒ nein

Lies. Kreuze an.

1. Bild: ______

2. Bild: Bsp. Die Kinder finden heraus, dass bei der Rutsche Urkunden liegen, auf der Kletterburg ein Brief von Pfiffig und im Sandkasten ein Schatz versteckt ist.

3. Bild: ______

Schreibe zu jedem Krimibild zwei bis drei kurze Sätze. Lies vor.

suchen, klettern, buddeln, finden, ...

Schreibe weitere Wörter zu deiner Krimi-Bildergeschichte.

Kontrolliere und verbessere. ✓ → ☐ **Fall gelöst!**

Erzähle oder schreibe nun einen Krimi zu deiner Bildergeschichte.

Detektiv-Ausweis

Bastelvorlage (ausschneiden, in der Mitte knicken und ineinanderkleben)

Außenansicht

Innenansicht

Diese Fälle habe ich schon gelöst:

Fall 1	Fall 12
Fall 2	Fall 13
Fall 3	Fall 14
Fall 4	Fall 15
Fall 5	Fall 16
Fall 6	Fall 17
Fall 7	Fall 18
Fall 8	Fall 19
Fall 9	Fall 20
Fall 10	Fall 21
Fall 11	Fall 22

Detektiv-Urkunde

Urkunde

Toll!
Du hast alle Fälle
mit Detektiv Pfiffig gelöst!

Somit darfst du

____
(Name)

dich ab heute
„Detektiv der großen Lupe "
nennen.

Knobelhausen, den ____________________

Dein Detektiv Pfiffig

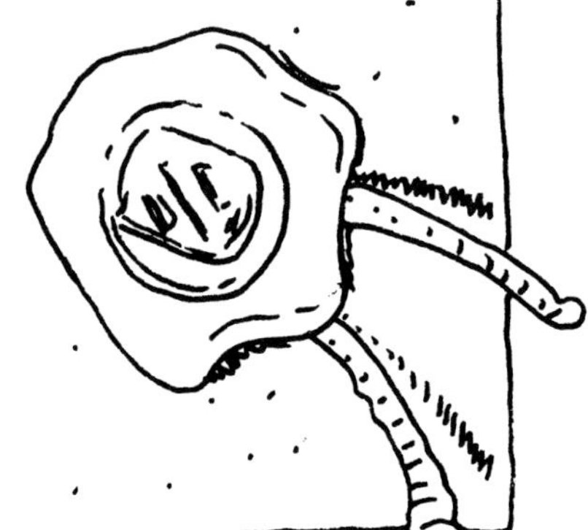